喧哗森林

哲社探照灯

信息是如何传播的

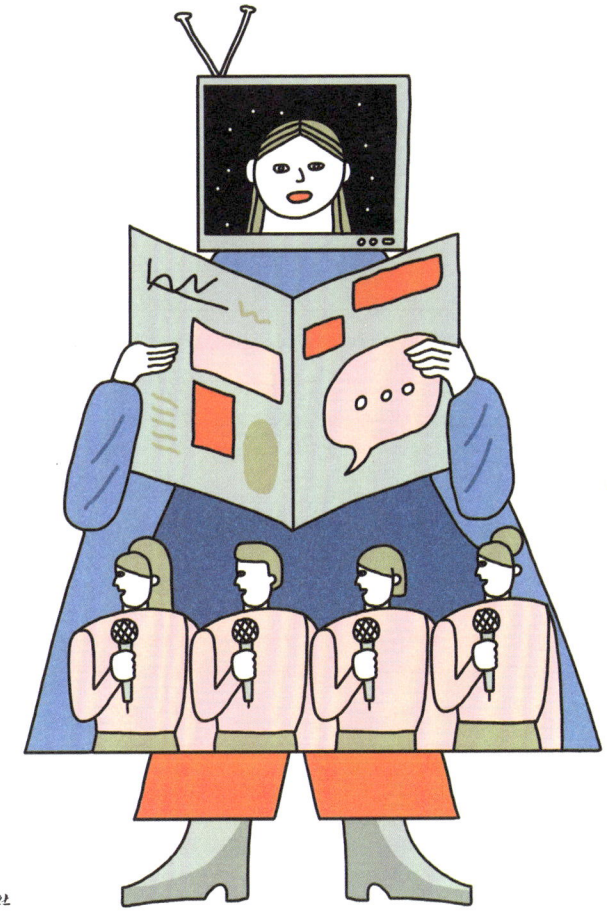

周敏 魏珏 / 著

人民文学出版社　天天出版社

图书在版编目（ＣＩＰ）数据

喧哗森林：信息是如何传播的 / 周敏, 魏珏著. --北京：天天出版社, 2023.11
（哲社探照灯）
ISBN 978-7-5016-2159-0

Ⅰ.①喧… Ⅱ.①周…②魏… Ⅲ.①新闻学 - 传播学 - 青少年读物 Ⅳ.①G210-49

中国国家版本馆CIP数据核字(2023)第185594号

责任编辑：郭剑楠　　　　　美术编辑：丁　妮
责任印制：康远超　张　璞

出版发行：大大出版社有限责任公司
地　址：北京市东城区东中街42号　　　邮编：100027
市场部：010-64169902　　　　　　　　传真：010-64169902
网　址：http://www.tiantianpublishing.com
邮箱：tiantiancbs@163.com

印　刷：北京博海升彩色印刷有限公司　　经销：全国新华书店等
开　本：880×1230　1/32　　　　　　　　印张：4.75
版　次：2023年11月北京第1版　　印次：2023年11月第1次印刷
字　数：87千字

书　号：978-7-5016-2159-0　　　　　　　定价：49.00元

版权所有·侵权必究
如有印装质量问题，请与本社市场部联系调换。

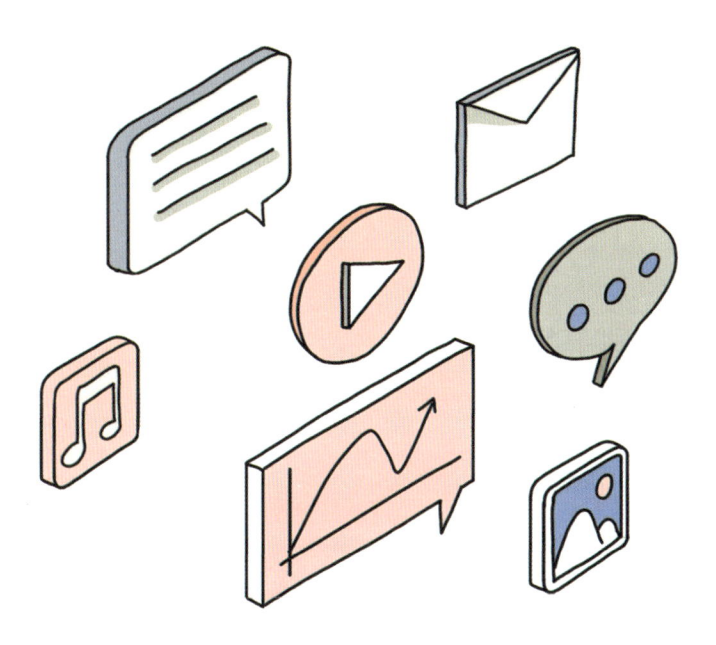

第一封信
生活中习以为常的传播行为　　　1

第二封信
你是一个信息传播者吗？　　　19

第三封信
从报刊到手机的转变　　　35

第四封信
被海量信息包围的日常　　　51

第五封信
识破假新闻　　　65

目 录

第六封信
广告很烦,但也必不可少
75

第七封信
网络是一个安全的地方吗?
91

第八封信
获取信息的更好方式
107

第九封信
发布信息之前,应该好好想想
123

第十封信
会表达,也会倾听
137

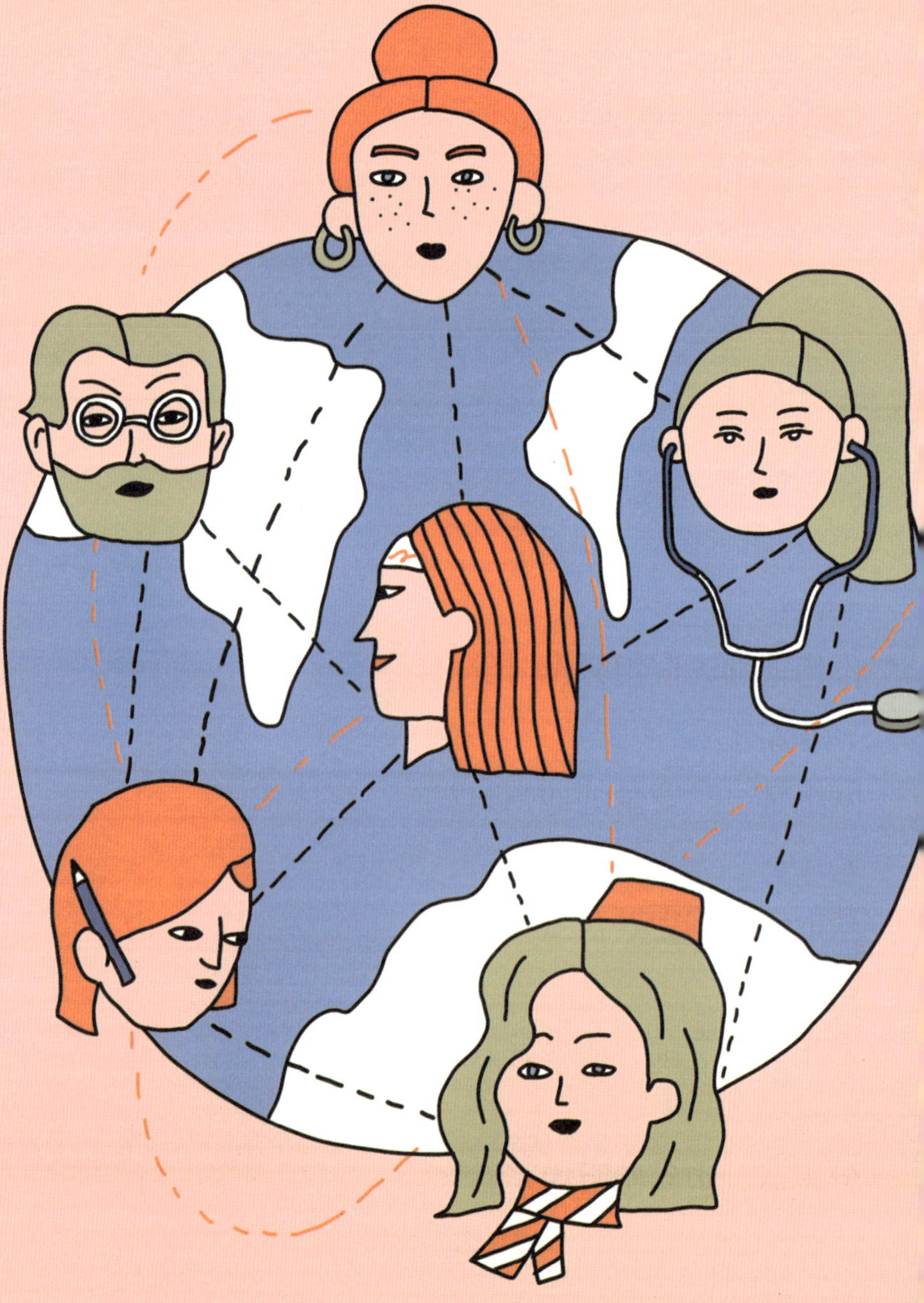

第一封信

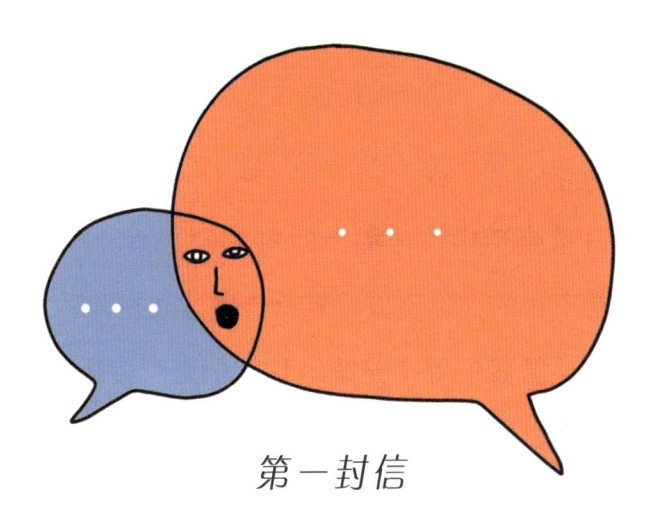

生活中习以为常的传播行为

在这封信中，你将会接触到以下新闻传播学名词：

人内传播　人际传播　群体传播

组织传播　大众传播　群体压力

在进入社会之前，新闻传播学是一个非常神奇的工具，它像《爱丽丝梦游仙境》中的树洞，可以让你从另一个视角透视社会运行规律，发现自己与身边世界的连接点。

亲爱的豆子：

日常生活中，传播时时刻刻都在发生。许多再平常不过的交际现象，都有传播活动在背后发挥作用。尽管我们现在笼统地称它们为"传播"，但豆子一定也发现了，在不同的场景中，我们的传播行为也存在一定差异。例如，豆子在家里和妈妈一对一谈心时，会表现得与面对全班同学演讲时有所不同。

不知道你有没有细想过，是什么原因导致了这种差异呢？其中一个重要的方面，便是因为这两种行为所属的传播类型不同。传播环境不同，我们的行为自然也会存在差异。

丰富多彩的传播活动维系着社会的正常运转，在我们日常生活中，存在着五种常见的传播类型：人内传播、人际传播、群体传播、组织传播和大众传播。今天，妈妈向你一一介绍它们，下次你们再"见面"的时候，就不会混淆啦！

人内传播

首先，我们来看一下在专业的新闻传播学教材中，人内传播的定义是什么。所谓人内传播，也称内向传播、内在传播或自我传播，指的是个人接受外部信息并在人体内部进行信息处理的互动。[1]

看到人内传播的解释，你可能会感到有些困惑：难道我们自己还能对自己进行传播活动吗？不必惊讶，尽管这个名词对于我们而言可能有些新鲜，但我们的确每天都在进行着人内传播行为，并且通过行为活动表现出来。

每天早上去学校时，我们一出门就能够敏锐地感知天气的冷热变化，一旦感知这种温度变化，内心就会产生"添点／减点衣服"的声音，并付诸行动。

又比如，路过路边小摊时，我们会嗅到食物的气味，并对其进行评价。有时，遇到符合自己偏好的食物，我们会不由得感叹一句："好香啊！"这样的认知可能会驱动我们去购买食物。

---

[1] 郭庆光. 传播学教程 第2版. 北京：中国人民大学出版社, 2011. 61页.

天气冷热所影响的是触觉，食物气味所触动的是嗅觉，在上面的两个例子中，来自外界的信息都刺激着我们的感官，触发了人体内部的思维活动，使人们对这些信息作出评价和判断，最终甚至可能产生实际决策行动，例如增减衣服或购买食物。这个完整的过程就是人内传播行为。

还有一种特殊的人内传播形式，叫作内省式思考。妈妈也经常在豆子犯下小错误时，叮嘱你："快去反省反省！"

妈妈所说的反省，其实就是内省式思考的一种。我也经常进行内省式思考。上一次，妈妈因为粗心，忘掉了一项非常重要的工作任务，并且这种情况也发生过不止一次。因此，我开始反省自己。

首先，我会从行为本身出发，剖析"遗漏工作"本身反映出来的问题，包括我自身存在的粗心马虎等毛病。同时，我也在日常积累的生活经验之中努力"搜索"，回想在面对相同的情况时，别人是怎么做的？别人的哪些行为是值得我借鉴的？此时，我灵光一闪，想起隔壁办公室的王阿姨曾使用的一个妙招——将所有待完成的任务都贴在电脑边框上，因此，她从未因疏忽大意而出错。

在完成这些思考之后，我不仅对自己的认识"更上一层楼"，也调整了我面对待完成任务时的做法，这个反省活动产生了积极作用。

可见,活跃在人体内部的人内活动其实也具有能动性和创新性,它也是下面所要介绍的几种传播类型发生的基础。因此,可别因为人内传播过于"隐蔽",就忽略它的重要性哟!

人际传播

人际传播是我们生活中再熟悉不过的活动。人际传播是个人与个人之间的信息传播活动,也是由两个个体系统相互连接组成的新的信息传播系统。[1] 人际传播之于社会中的每个人,就像水之于鱼儿一样,是不可或缺的。

为什么人际传播扮演着如此重要的角色呢?在我们生活的世界上,社会是我们进行各种实践的沃土,而在这个过程中,需要与无数人建立不同类型的关系,比如妈妈和豆子之间存在着亲子关系,我们家与街坊邻居之间建立了邻里关系,老师和班上同学之间属于师生关系。在关系成形的基础之上,才能更

---

[1] 郭庆光.传播学教程 第2版.北京:中国人民大学出版社,2011.71页.

便利、及时地了解有关我们赖以生存的环境变动的信息,才能促进人与人之间的相互认识和理解。

关系在人际传播中是非常独特的存在,关系的建立和维系离不开人际传播活动。中国有句老话:"远亲不如近邻。"临近的邻居与我们之间在物理意义上的距离更短,所以能够与我们更频繁地进行人际交往,因而,有时邻里之间的关系会比一些远房亲戚更好。

在人际传播活动中,语言是最基本、最常用的工具。不论是一对一面试、咨询等较为正式的人际传播情景,还是朋友之间谈天说地、唠唠家常等相对非正式的活动,语言都是其中的重要桥梁。

一方面,语言表达所承载的内容和意义,让信息中的事实部分能够以人际传播双方都可以理解的形式流动;另一方面,语言还传递着声调、语速、音量等关联信息,包含着更丰富的背景信息,这两方面在人际传播中也很重要。

妈妈常常嘱咐你:"豆子,赶紧把今天的作业完成!"有时,完成作业的时间还比较宽裕,妈妈的语气会相对柔和且语速平缓,但有时,交作业的最后期限已经迫在眉睫了,妈妈说话的节奏就会比较快,并且带有一丝焦急。虽然两句话的内容一模一样,但当我使用前后两种不同的表达方式说出同样的话,你的感受会截然不同。

语言在人际传播中的核心位置毋庸置疑，但在进化的过程中，人类还发展出丰富的表情和肢体语言等，它们都独具魅力。

妈妈身边有许多做记者的朋友，有时我们会交流工作中的体悟。这些记者叔叔阿姨对采访的细节要求如数家珍：要平视对方的眼睛，要身体前倾以表示亲近，要用温和的眼神和表情给对方以实时回应，鼓励对方说下去，等等。

这些细节如此细微，普通人可能不会注意到，它们真的如此重要吗？答案是肯定的。记者叔叔阿姨们常常感叹，在接触采访对象时，恰当的表情和身体姿态看似微不足道，但有时却直接关系着一次采访的成败。只有当采访对象从这些肢体语言中感受到自己被尊重时，才会真正敞开心扉配合采访提问，否则，采访可能难以挖掘出有效的问答。

随着互联网的发展，人际传播的发生不再需要人们"面对面"。在数字世界中，人与人之间通过微信、QQ等聊天软件的对话框，就可以获得"天涯若比邻"的远程人际传播体验。

在这种全新的情景中，我们的面部表情也有了新的替代——表情符号（emoji），简洁、活泼、有趣的表情符号成为线上人际传播的"必需装备"，在彼此看不见对方真实面容的情况下，人们用它来表达自己的情绪，塑造自己的形象，拉近双方的距离。

群体传播和组织传播

俗话说:"物以类聚,人以群分。"社会中的每个人都生活在群体之中,个体通过群体这一中介得以走向社会,而社会也正是由群体组成。群体不仅提供了一个能让"复数的人"聚集在一起的契机,还具有强大的凝聚力,能够让个人产生对群体的认同感、忠诚感和归属感。就拿我们最熟悉的国家归属来说,生长在红旗飘飘的中国,"中国人"身份就足以让我们为之自豪。

在日常生活中有很多正式群体,例如妈妈常常在聊天中讲到"我们单位"里发生的故事,单位或公司就是人们最熟悉的正式群体之一,因为每个单位或公司都具有清晰的成员权责划分,不同部门、不同岗位的员工从事着不同种类的工作。同时,社会中也存在着大量非正式群体,例如,爸爸因为喜欢爬山而结识了许多朋友,并"成立"了一个"爬山协会",这属于因兴趣而结成的群体,但在这个兴趣小组中不存在绝对的领导、严密的分工以及固定时间的活动,因此,这样的群体只能称得上是非正式群体。

在群体传播中，群体规范和群体压力这两个因素发挥着重要作用。

你是否注意到，在课堂上，同学们想要发言时，往往都会首先举手示意老师，而不是直接大声讲话。又或者，在食堂打饭时，我们早已习惯一去就自觉排列在队伍的末尾，遵守着先来后到的规矩。为什么身处群体之中的我们，会自觉地遵守这些行为规则呢？其背后便是群体规范发挥着作用。群体规范是群体成员个人在群体活动中必须遵守的规则，这些规则说服着我们在群体传播中保持同一性。

那么群体压力又是什么呢？尽管它是无形的，却实实在在地施加在群体中每一个人身上。豆子，你一定有过这样的体会，当和你相熟的几个小伙伴聚在一起讨论今天出游的地点时，如果其他朋友均赞同去某一个地方，但你内心并不特别想去，为了"合群"，你仍然选择默默同意。

与之相似，妈妈在工作中加入了一些微信群聊，叔叔阿姨们常常在群里讨论新闻热点事件，而我最害怕的便是群成员对某一事件的意见、看法出现"一边倒"的情况，因为这样，即使我的观点和他们存在分歧，也往往因为想要避免与群体中其他成员争论的风险，而选择闭口不谈。这种群体中多数人意见对少数人意见产生的压力，就是群体压力，其深刻地影响着群体传播行为。

我们都知道一个词语，叫作"人云亦云"，即别人在说什么，我们也跟着说什么。这是群体传播中的典型现象之一。那么，为什么当我们身处群体之中时，"人云亦云"的情况表现得更为频繁呢？这离不开群体压力的作用。一方面，我们会不自觉地认为"多数人在说的"就等于"正确的"，不多加思考便盲目跟从；另一方面，个体天然存在趋同心理，即希望与群体中的大多数人保持一致。

群体毕竟是由不同特质的多个个体聚合而成，其构成具有很强的复杂性。而经过前面对群体传播中重要因素的解释，我们也不难嗅到其中所蕴含的盲目性、非理性、集合性等气息。

法国社会心理学家古斯塔夫·勒庞观察了群聚时代的人类特征，并以"乌合之众"这个词形容那些在群体之中盲从、情绪化、偏执以及丧失独立思考的人。尽管并非所有人在群体中都会迷失独立的自我，但种种现实案例也的确说明，在群体传播起较大作用的事件中，有一定概率会走向难以控制的方向。

在地震、火灾等充满不确定性的突发事件中，群体也同样会因焦虑和恐慌陷入"六神无主"的境地。此刻，个体最易发生盲听、盲信、盲从等行为。因此，大量真假未辨的信息便顺势"钻了空子",最终导致谣言肆虐。

妈妈记忆最深刻的一次,是在十多年前。2011年,日本发生大地震,并引发了福岛核电站的核泄漏,我国海域与日本邻近,这一事件自然引起了国人的恐慌。与此同时,许多将"吃盐"和"防辐射"联系起来的谣言悄然滋生,人们纷纷拥向超市抢购食盐。

而许多本持半信半疑态度的人,发现周围的人都参与到"抢盐"行动之中,人们在路上遇到,打招呼的用语也变为:"今天你买盐了吗?"因此,本来有独立思考的人也丧失了理性判断能力,采取抢购食盐的从众做法。其实,在今天看来,"抢盐"这个行为是如此滑稽可笑。但在当时,为什么会有那么多人对此深信不疑呢?群体压力的作用不容小觑。

说到这里,妈妈也不免多唠叨几句。豆子,随着你的年龄渐长,你会在各种各样的场合,加入又离开各种各样的群体,它们规模或大或小,或紧密或松散。但你一定要清楚地记得,群体固然能为我们提供归属感,但这并不代表我们要盲从群体中的一切。在成为群体一员之前,你首先是作为个体而存在——具有独立认知、意识和行为准则的个体。

而组织传播是群体传播中极为特殊的一种。

当我们谈及组织时,我们往往会认为一个政府机关是组织,一个公司是组织，但会有人认为偶然一次聚集在超市、广场等场所的人也形成了一个组织吗？显然不会。

因此，组织是一种有管理体系的群体。组织虽然属于群体范畴，但其界定标准比群体更多、更严格。身处组织之中的每个人，往往具有专门化的分工，扮演特定的角色，组织系统中也存在一定的等级。

对一个组织而言，组织传播具有重要的意义。我们可以把最传统的组织结构想象成金字塔，一个组织中往往有着金字塔般一层一层的等级结构。从表面上看，层级之间的关系是相对隔离的，此时就轮到组织传播发挥作用啦！通过组织传播，组织内部的信息能够快速流通起来，处于不同层级的人，也能够在统一安排下协调工作任务，组织凝聚力也得以加强。

大众传播

地球这颗庞大的星体孕育了人类，生活在南北半球的人们在同一个时刻可能感受着完全不同的四季轮转和昼夜交替。

我们不难想象，若是在信息闭塞、交通不便的古代，要进行跨越半球的信息传播所需要克服的时间和空间上的困难有多大。大家都听说过"八百里加急"这一说法,在古代,当信息传递的紧急程度最高时,便会采用"日行八百里"这一信息传递等级,但其仍和现代的信息传播速度无法相提并论。

而大众传播技术的发展则打破了信息传播长久以来在时空等方面存在的障碍,传播效率迎来了质的飞跃。所谓大众传播,是指专业化的媒介组织运用先进的传播技术和产业化手段,以社会上一般大众为对象而进行的大规模信息生产和传播活动。

现代社会中,大众传播作为一个产业,其发展已经非常成熟。可以说,各种各样的大众媒介已经成为日常生活中再熟悉不过的"忠实朋友"。当豆子还"生活"在妈妈肚子里时,便已经开始隔着肚皮"听"广播里传来的故事了;待你出生后,电视上有着不同类型的频道,不仅向你敞开了声画光影的绮丽世界,也通过屏幕向你展示着一个个流动的故事、一则则远方传来的消息;后来你开始步入校园,妈妈又在家里订阅了一份份报纸杂志,它们成为你在课堂之外开阔眼界的重要工具。不论是广播电视还是报纸杂志,它们都属于大众媒体。

放眼全社会,通过大众传播这一途径,媒体再现或创造着一个有别于现实世界的虚拟世界,而我们也早已习惯于在虚实之间游走切换。因此，大众传播所创造的信息环境也已经成为个人生存所依赖的社会环境，社会的正常运转也离不开大众传播。

说到大众传播的社会功能，我们最熟悉的就是其满足日常信息需求方面的不可或缺。人为何会产生信息需求呢？我们常说"外面的世界很精彩"，近到生活的社区，远到大洋彼岸，世界上的每个角落都处于时时刻刻的变动之中。正如人饿了会产生进食需求、渴了会产生饮水需求一般，如果人们感受到自己在某一段时间或某个话题上信息匮乏，那么就会自然而然地希望通过及时摄取信息，以满足自己的求知欲和好奇心，消除内心的不确定性。

提前获知每日天气变动情况就是每个现代人的生活中看似不足为道，却又不可忽略的日常信息需求。大自然深谙"变脸"之道，有时前一天还晴空万里，第二天就阴云密布，而捉摸不定的天气情况关乎着日常出行、农民耕种等领域。正因如此，每天晚餐时分，全家人都会整整齐齐地坐在电视机前，养成了认真收看每日天气预报的习惯。

当然，大众传播的功能远远不止于满足信息需求这一项，它还引导和协调着社会成员的行为方向。豆子，我们生活在一个风险频繁发生的社会，风险在是否发生、发生场景和导致结果上都存在着不确定性，对于缺乏相关专业知识储备的普通人而言，很难评估风险并采取正确的应对措施，如若缺乏适当的引导和协调，整个社会极容易"乱成一锅粥"。

在这种情况下，报纸、电视等大众媒体就可以及时向人们传递关于各种风险的最新消息，引导大众回到客观和理性的状态。

除此之外，我们不难发现，大众传播开辟了一个别有洞天的"课堂"，我们在接收来自媒体信息的同时，内心也逐渐丰盈，知识储备也不断丰富。豆子，《舌尖上的中国》是你最爱观看的电视纪录片之一，在其中，你不仅大饱眼福，领略了来自我国各地，让人垂涎三尺的美食，还清晰地了解到五花八门的食材历经道道中国美食制作的工序成为"盘中餐"的奇妙过程，这让你不禁感叹："是舌尖上的中国，更是舌尖上的智慧！"妈妈还经常和你一起重温《中国诗词大会》这档节目，当观众将心灵安置在诗歌所构建的安静一隅时，也愈加体悟到古诗词经岁月洗练后所散发的魅力。

当然，就如同许多人偏好通过散步、钓鱼或者玩游戏等方式放松身心一样，有时，我们接触大众媒体并没有那么多特定目的，而是仅仅为了纯粹的娱乐消遣。在繁忙的学习和工作中，源源不断的信息内容总是让我们的大脑紧紧绷着一根弦，但其实，张弛有度才是最有利于身心健康的理想状态，因此，"劳逸结合"实则是一种生活智慧。大众传播创造的是一个可供我们身心惬意休息的虚拟空间，我们可以全身心沉浸在电影影像展现的一个个如梦似幻的故事之中，我们可以在妙语连珠的语言类节目中收获欢声笑语，我们还可以在身心疲倦的时候点开任意一期电台节目，让时间在声音的陪伴中悄然溜走。

当然，大众传播的娱乐功能也是一把"双刃剑"。豆子一定要牢记，适当的娱乐有助于放松身心，过度的娱乐则可能会导致玩物丧志。

我们都知道，一些病人在进行大型手术时需要注射麻醉剂，让人们暂时失去知觉或痛觉。而在新闻传播学中，有一位著名学者叫作拉扎斯菲尔德，他就曾对大众传播导致的过度娱乐表现忧虑，并由此类比医疗领域的"麻醉剂"，提出了大众传播的"麻醉功能"，用以形容人们过度沉湎于大众传播所提供的表层信息和通俗娱乐中，而不知不觉丧失行动能力。比如沉浸在电视中播放的动画片或电视剧中，丝毫没有意识到时间已经一分一秒流逝，浪费了生命；高度依赖纯粹用于娱乐消遣的内容，可能导致丧失认真思考的耐心和能力。

因此，在接触和使用大众传媒的过程中，使用尺度的拿捏也是一门艺术。如果有拿不准的时候，妈妈随时欢迎你来和我探讨！

通过今天的介绍，相信你已经对几种基本的传播类型有了大致了解。它们具有各自发生的场景，也都在个人和社会的发展过程中发挥着重要的作用。

当然，需要厘清的是，不同传播类型之间并不是完全相互独立。就拿你最熟悉不过的一个场景来说，每天饭后，妈妈会允许你看一会儿电视，当作放松消遣，电视便是在从事着大众传播活动；而在这个过程中，妈妈也会和你就观看内容进行讨论，这就是我们之间进行的人际传播；有时，当你看到荧屏上的人物的某个行为时，你也会在心里暗自与自己的日常行为进行对照，人内传播也就悄然发生了。

因此，在很多社会现实交流情景中，不同的传播类型会彼此交织融合在一起，在进行大众传播的同时，往往群体传播、人际传播、人内传播等活动也在发生。这些更为复杂的传播情况，等待着我们在生活中去进一步"解锁"！

爱你的妈妈
2023 年 2 月

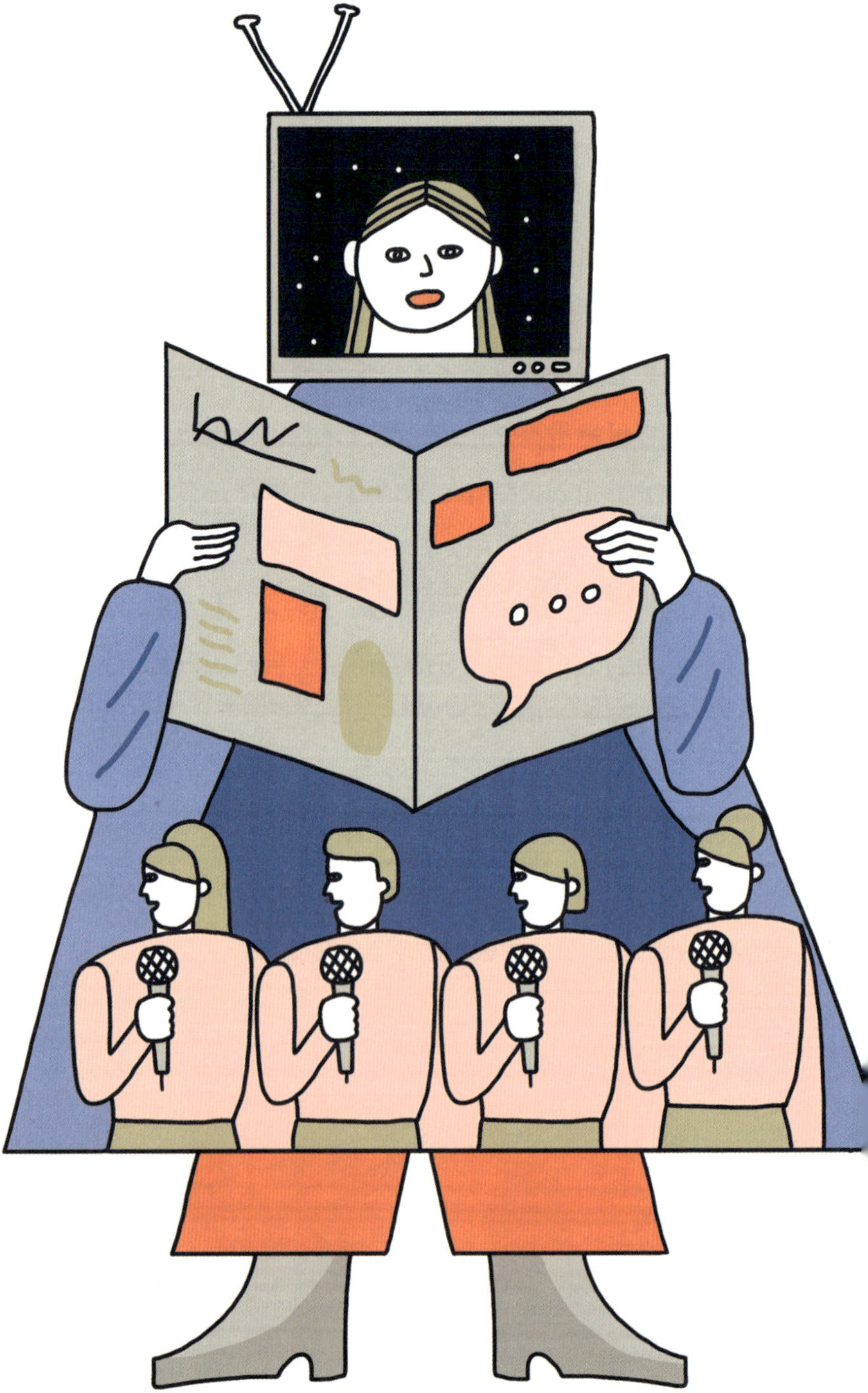

第二封信

你是一个信息传播者吗？

在这封信中，你将会接触到以下新闻传播学名词：

传播者 媒介 语言 文字 新闻

我们写一封信，说一句话，做一个动作，甚至传递一个眼神，都是在传播信息，而互联网更是让每个人手中都有了"麦克风"，你想好说什么了吗？

亲爱的豆子：

　　提及"传播者"这一身份，你的脑海中会浮现出哪些画面？你可能会想到站在会场中运筹帷幄、沉着冷静地应对各国记者提问的外交官，你也可能会想起手持录音笔、扛着摄像机，用脚步丈量祖国宽广大地的新闻记者，或许你还会联想到与我们每天定时相约在电视荧屏上的新闻联播播音员们……

　　在我们以往的认知中，传播者的形象往往是具有某种权威的，他们往往与特定的大众媒体相关联，例如报社、通讯社、电台、电视台等，从事传播活动是他们的职业身份所要求的。换句话说，正如世界上存在教师、会计、工程师等形形色色的职业种类，我们往往也认为传播者是一种职业，其中包含记者、编辑、主持人等与新闻传播领域相关的从业者。

传播者

　　但豆子，你是否想过，尽管你并不似职业媒体人一般使用大众媒体进行信息传播活动，但你自己也可能是一个传播者。

　　首先，我们来看看"传播者"的定义：传播者指的是传播行为的发起人,是借助某种手段或工具、通过发出信息主动作用于他人的人。[1]拆解一下这个定义,我们可以发现,何为传播者?实际上这个词应该涵盖三个重要的方面:发起传播行为,使用某种手段或工具以及发出信息。从这三个方面来看的话,职业的新闻传媒从业者当然属于这个范畴,但仔细一想,似乎又远远不止于他们,生存在社会之中的每个人都或多或少地扮演着"传播者"的角色。

追根溯源,我们为什么要进行传播行为?是因为我们生活在一个与他人、社会环境和自然环境交流互动不断增强的世界之中,这种互动为我们编织了一个密密麻麻的关系网,而传播行为则时时刻刻发生在这个网络之中,通过传播行为,人类文明得以传承,全球各地的资讯能够迅疾地到达我们的视野之中,各个群体或组织能够正常地运转和发展。可以说,小到我们维系与家人、邻里、同学和老师之间的关系,大到整个社会的发展、各个国家之间的跨文化交流,都离不开传播行为。

当我们将视野转向非人类的领域,就会惊讶地发现一个更加神奇的事实:自然界的动物也在进行着传播行为。如:萤火虫

---

[1] 郭庆光.传播学教程第2版.北京:中国人民大学出版社,2011.第127页.

发光是雌雄求偶的重要信号，蜜蜂通过"8字舞"这一飞行动作向同伴传递食物信息，鸟儿通过啼鸣与伙伴交流信息。[1]

媒介

那么传播行为是通过哪些手段或工具进行的呢？事实上，随着数字化浪潮的兴起，越来越多便利的技术参与到人类的传播行为之中。从最原始的口语和文字媒介，到近代以来广播和电视的兴起，再到当下互联网和社交媒体深刻地改写我们的生活状态，在进行传播行为时，我们所能选择的工具越发丰富多样，这更加快了"人人都是传播者"时代的到来。

对于人类而言，口语在传播行为的顺利进行中发挥着基础的作用。在人类的文明长河中，"部落化"代表着一种非常原始的社会组织形态，而在这种交流双方之间地理距离比较近的背景下，具有即时性、交互性等突出特点的口语成为承载人们交流目的的早期媒介。所谓口语，即口头交流时使用的语言。口

1　郭庆光.传播学教程第2版.北京：中国人民大学出版社，2011.第18—19页。

语传播的强大影响绵延至今，成为日常生活中我们发起传播行为时最常采用的形式。

相关的例子在我们生活中可谓不胜枚举，或许我们"当时只道是寻常"，但现在回忆起来，口语传播在我们生活中发挥的作用不容小觑！就拿最熟悉的校园场景来说，教室这一地点贯穿了我们的成长历程，《师说》中有言："师者，所以传道受业解惑也。"老师引领我们打开通往新世界的大门，而这种对于知识的传播正是通过讲台上深入浅出、妙语连珠的口头讲授完成的。同样，我们总是在课堂上跃跃欲试地举起手，想要表达自己的想法、观点和疑问，而口语就发挥了至关重要的桥梁作用。

其实仔细一想，我们习以为常的聊天、谈话又何尝不是一种口头传播行为呢？我们分享自己对世界的观察结果，谈论琐碎的小事，试图使更多人了解这些有趣的体验，其最终目的都是让我们的所见、所感、所闻能够传播给他人，这不仅让我们的分享欲望获得了极大的满足，同时也是维系人与人之间关系的重要途径。印度有一句古谚语："赠人玫瑰之手，经久犹有余香。"日常生活中最细微的传播行为，也往往是让我们的快乐成倍分享给他人的"赠人玫瑰"之举。

除了口语，我们也总是惊叹于汉字的神奇精妙，在泱泱大国的历史长河中流光溢彩。而积淀着深厚历史底蕴的文字，也正是我们进行传播时常常会使用的重要载体，尤其是随着印刷术的发展，文字所潜藏的传播能量更能经得起时间的检验。为何许多古时候的文人墨客在当代文化中仍然发挥着绵延不断的深远影响呢？是因为他们的思想通过文字这一媒介，穿透了时间、空间的隔阂来到我们面前。

尽管我们并不似大文豪们一般才华横溢，但文字作为承载信息、传情达意之工具的魅力，于我们而言也并未消减半分。其中，最典型的表现形式就是人与人之间的信件往来，杜甫曾在战火连绵之际写下脍炙人口的名句："烽火连三月，家书抵万金。"在家人分隔两地、消息隔绝的战争时期，书信是人们互通音讯、互道平安的重要媒介，一封家书竟然能够值上"万金"，可见对于当时的每个普通人而言，经由书信所传递的家人平安的消息是何其宝贵。姐姐小时候曾听妈妈回忆过，在年轻时，邮票和信件的使用是非常普遍的，即使是网络时代，电子邮件在本质上与邮寄信件也是相似的。

技术发展更是革新了人类的传播活动。纵观历史的发展进程，我们不难窥得科学技术对于人类及社会发展所产生的显著影响。第一次工业革命发生于18世纪，科学家们发明了蒸汽机，将人类推向了崭新的"蒸汽时代"，机器也正是从这个时候开始代替手工劳动。

第二次工业革命发生于19世纪，人类进入"电气时代"，汽车和飞机等新型交通工具的问世开创了交通运输的新纪元，电灯的投入使用让漆黑的夜晚迎来从未有过的光明，电报能够以极短的时间传播"远在天边的信息"，给我们带来"信息近在咫尺"之感。

钟表的指针飞快地拨转到20世纪中叶，继人类文明史上的前两次工业革命后，第三次科技革命的兴起和发展极大地推动了社会各个领域的变革，尤其以电子信息业的突破为重要标志，电子计算机的问世让世界开始逐渐依托信息的自由流动而形成一个"地球村"，互联网日新月异的发展为我们的生活注入大量新鲜血液，尤其是各种各样的社交平台如雨后春笋般在我们的日常生活中扎根生长，带来了信息传播的新景象。简而言之，一个"人人都有麦克风"的时代来临了。

试想，在电视、广播和报纸等大众媒体为主导的时代，人们能够调动并利用的传播资源是有限的，面向大众发声的"麦克风"往往属于少数人，他们通常是媒体从业者，或者在政治、经济和社会地位上占有一定优势的个体。如若我们将社会结构比作一个金字塔的话，那么当时控制传播资源、主导传播行为的一般是位于塔尖的少数人，而我们对于媒体而言只是受众——在传播过程中被动地接收信息的个体，缺少能够主动面向普遍意义上的大众发出"声音"的渠道。

而现在媒体发展的迅猛趋势打破了这一固有格局，社交媒体逐渐在社会生活中占据越发重要的分量，其赋予每个普通用户前所未有的、属于个人的传播资源。人们进行传播行为时所依靠的"麦克风"不再是稀缺品，每个人的观点想法都能够被传播，每个人的声音都有可能被放大，每个人的传播行为都可能到达自己都未曾预料的天涯海角，即"人人都是社交媒体时代的传播者"。

"人人都有麦克风"所描摹的是一幅空前便利和自由的传播画卷，我们在各种传播角色中切换自如，在传播链条的各个位置不断游走。

我们有时可能化身为新闻报道者，发现周边新闻线索，观察附近新闻现场，记录实时的所见所闻。我们常常会有这样的体会：也许我们并没有特意去关注任何专业媒体，但只要坐在家里刷刷朋友圈、看看短视频，就能够从那些熟悉或陌生的网友所发布的内容中，将附近的、远方的重要新闻了解得七七八八。

这意味着人人都成了"新闻报道者"，尽管我们的专业度和职业敏锐度与专业记者还存在较大的差异。便携度极高的手机成为我们充当"非专业记者"时的忠实伴侣，图片拍摄、视频剪辑和文字编辑等需求对于它们而言都只是"小菜一碟"，通过各种社交媒体平台，我们能够以迅雷不及掩耳之势将新闻发布到公众视野之中，信息在社交媒体的快速流动可能吸引全国乃至全球用户的目光，而当我们顺畅地完成这一过程之后，传统新闻记者可能还在赶来新闻现场的路上。

我们有时也是信息流动的参与者，对于各类信息的关注、讨论和转发本身也是一种传播行为。关注本身就意味着一种巨大力量，在大众媒体时代，电视台格外关注收视率，收视率的高低代表着内容受关注的程度。而在社交媒体时代，这一个指标又更多地与"热度""流量"等词语关联，它们能够衡量一则信息的传播范围。在社交媒体蓬勃发展的十数年以来，许多案例证明了网民的关注具有聚沙成塔、集腋成裘的能量，网友们的"围观"也促使了许多社会事件的快速解决。相较于前面所提到的"新闻报道者"这一角色，我们在生活中会更为频繁地担当"信息流动的参与者"。

我们有时传播的不仅是信息，更是情绪。当我们身处于互联网空间时，能够很清晰地感知到，喜悦、自豪、悲伤、愤怒等情绪都在其中被放大了，各种言论不仅是意见的表达，也是情绪的渲染。

豆子，听完姐姐的解释，你是不是恍然大悟：原来传播对于我们日常生活而言是如此重要，而我们竟然也在不知不觉中进行着如此丰富的传播行为！但与此同时，姐姐希望你也能够从现在就意识到，当我们在更为自由便捷的社交媒体时代获得了空前的传播权利时，更应该意识到权利与责任从来就是对等的，它们是相互依存的关系。当我们发现"传播者"这一层身份已经悄然叠加于我们身上之时，更应该自觉地成为一名合格的传播者，担负起传播者应有的责任。

论传播技能，要达到记者那样的专业水准对我们而言是困难的，但敏锐观察的能力、乐于学习的能力、勤于思考的能力以及善于表达的能力，不仅仅是记者的职业要求，也是每个人提高自身传播能力的努力方向。接下来，姐姐将为你奉上"修炼"成长为一名数字时代合格传播者的"秘籍"：多观察、多学习、勤思考、善表达和慎行动。

多观察，即培养对于生活的敏锐度，提高我们对于各种细节的关注。一切传播行为往往都来源于对生活的感知和洞察，我们只有敏锐地捕捉生活中每个细节的变化，才能将它们栩栩如生地描绘出来。可别小瞧了细节的力量！最直抵人心的往往是细节，最引发人们同频共振的也是细节。

多学习，即通过学习不断摄入新的知识，武装大脑、以应对随时可能出现的传播场景。姐姐在生活中与别人交流时，有时候会遇到这样令人困扰的场景：尽管我的脑海中已经浮现出了自己想要描绘的事情或表达观点的大致方向,但是在交流时却深感自己语言的贫瘠,难以通过言之有物的内容将它们表述出来。

你看!这就是因为平日的学习不够扎实,别人在交流中展现出"上知天文,下知地理"的深厚底蕴时,自己只能因"词穷"而窘迫,导致交流效果大打折扣。俗话说:"学无止境。"相对于事后懊恼表达功力不够深厚,不如时刻保持谦卑的学习状态,当头脑获得了知识的全副武装,我们能得心应手地迎接各种传播场景。

勤思考,意味着传播活动的开展并非只是机械地输出内容,同时还应伴随着积极的思考,这有利于传播活动的顺利推进。当我们"瞄准"特定的传播对象时,先别急着盲目行动!首先,应对自己所处的传播情境进行辨别,传播过程中所交织的不仅是各种形式的信息这么简单,还包括亲密或陌生的关系网络、规模不一的受众群体以及各有侧重的传播目的,因而我们需要根据传播情境的差异制定不同的传播策略。

例如,在日常交谈聊天等非正式场合,我们可以尝试让传播气氛变得更加轻松愉快,偏随意性的氛围有利于大家畅所欲言,获得酣畅淋漓的传播体验;而在较为正式的课堂或公开演讲等场合,就应在调动气氛的同时又不失庄重严肃。同时,在进行人际传播的过程中，我们还应多开动脑筋，及时观察对方表情、姿态和态度的变化，及时根据这些反馈内容对传播行为进行调整。

善表达，即善于应用恰当的工具，将信息、观点和态度等表达出来。表达是每个人与世界相连接、相交互的重要途径。

衡量一次传播活动是否成功，应看看它是否能让传播对象听得进去、听得明白以及愿意相信，这也形成了传播者的吸引力和说服力。

首先，让我们回忆一下曾经接触到的新闻报道，能够迅速抓住我们注意力的传播者，往往能够将有趣生动的传播内容如讲故事一般娓娓道来，而冗长且枯燥无味的辞藻堆砌或照本宣科的讲授则往往让我们感到昏昏欲睡。因此，我们可以学着在表达时增添一些故事般的小巧思，在叙事结构、遣词造句以及细节描摹等方面都更加柔和化、故事化，更利于提高传播效果。

同时，新媒体为我们提供了更丰富的表达形式，短视频这种将图片、文字和声音结合起来的形式已成为注意力的绝佳捕捉器。因而，我们在进行传播时，除了传统的文字和语言，也可以多多去尝试使用图片、视频等丰富多样的形式，使传播内容兼具可看性和趣味性。

另外，别忽视了传播时的体态姿势！在我们以往的经验中，闭目沉浸在演奏中的钢琴家往往能让听众进入到乐曲营造的氛围中，手部动作姿态运用恰当的演讲者也往往能够更好地调动现场气氛。因此，在面对面的传播场景中，恰当的姿态、表情等看似细枝末节的因素，往往发挥着至关重要的作用。

慎行动，即在进行传播活动时，对自己的一言一行都要更加谨慎负责。在社交媒体时代，"慎行动"的重要性格外突出。查尔斯·狄更斯曾说："这是一个最好的时代，也是一个最坏的时代。"豆子，生活在社交媒体时代的我们是幸运的，因为我们在社会上的参与感更强了，我们的新闻报道更具现场感和沉浸感了，我们的声音不再被淹没，有时甚至能产生"一石激起千层浪"的效果。但这也是个众声喧哗的时代，真伪难辨的信息、立场各异的传播者以及极易传染的情绪都会在社交媒体上聚集。

姐姐在高中的时候，曾经看过一部名为《搜索》的电影，女主角叶蓝秋在公交车上"拒绝让座"的小小举动被手机镜头无限放大，身处新媒体时代的人们争先恐后地以正义之名扩散事件，以道德之名群情激愤地进行评论。最终，肆意的情绪宣泄扭曲了事件真相，互联网、铺天盖地的恶意谩骂、挖掘隐私的人肉搜索成为压向叶蓝秋的最后一根稻草，没有人去探寻、追问叶蓝秋拒绝让座的原因——刚刚走出医院的她，正沉浸在确诊癌症这一巨大的打击之中。

曾经有气象学家提出"蝴蝶效应"这个概念："一只南美洲亚马孙河流域热带雨林中的蝴蝶，偶尔扇动几下翅膀，可以在两周以后引起美国得克萨斯州的一场龙卷风。"我想，不妨将我们自己看作网络这片丛林之中的蝴蝶吧！我们的每一句发言、每一次转发乃至每一份注意力，都是在互联网中"扇动翅膀"，都可能对舆论的发展态势、整个事件的走向产生意想不到的影响。因此，当我们拿起自己的麦克风时，不仅面对的是一个能够放大自己声音的工具，更多的是捧起了沉甸甸的责任——一份关乎信息真实、理性和客观的责任。因此，我们需要慎之又慎！

一方面，尽管我们似乎在互联网中化身为一个个"隐身"的存在，现实生活中处处存在的条条框框的束缚少了，发言时存在的群体压力也不如现实生活中强大，但仍需时刻谨记，法不责众的心态是不可取的，即使是网络传播中的言和行，也需要每个人对此负责。目前，在《民法典》中已有相关明确规定，为遭受网络暴力的用户维权提供参考，而近年来相关部门也将网络暴力等现象的治理作为重点任务。网络并非法外之地，身处其中的传播者切勿触碰法律红线。

另一方面，尽管通过互联网上的传播行为，我们能够更加真实地感受到自己在诸多公共事件中的参与感，但不能不加思考就急于通过评论或转发等形式在各个事件中刷"存在感",毕竟,"雪崩时,没有一片雪花是无辜的"。我们应先冷静思考,多方查阅相关的资料,多参考专业领域人士或周边老师、家人的意见,保证自己所进行的传播行为是相对客观、理性、冷静的。

  豆子,姐姐和你都是与互联网等数字技术相伴成长的一代,是不折不扣的"数字原住民",更在数字时代担当着传播者的角色。但不得不承认,距离我们成为数字时代所呼唤的合格"数字公民",我们都还有大量亟待提升的空间,这需要我们进行不断"修炼",才能利用数字技术进行各种传播行为,同时遵守各种规则,为自己的传播行为负责。姐姐期待着和豆子一同进步!

爱你的姐姐

2022 年 12 月

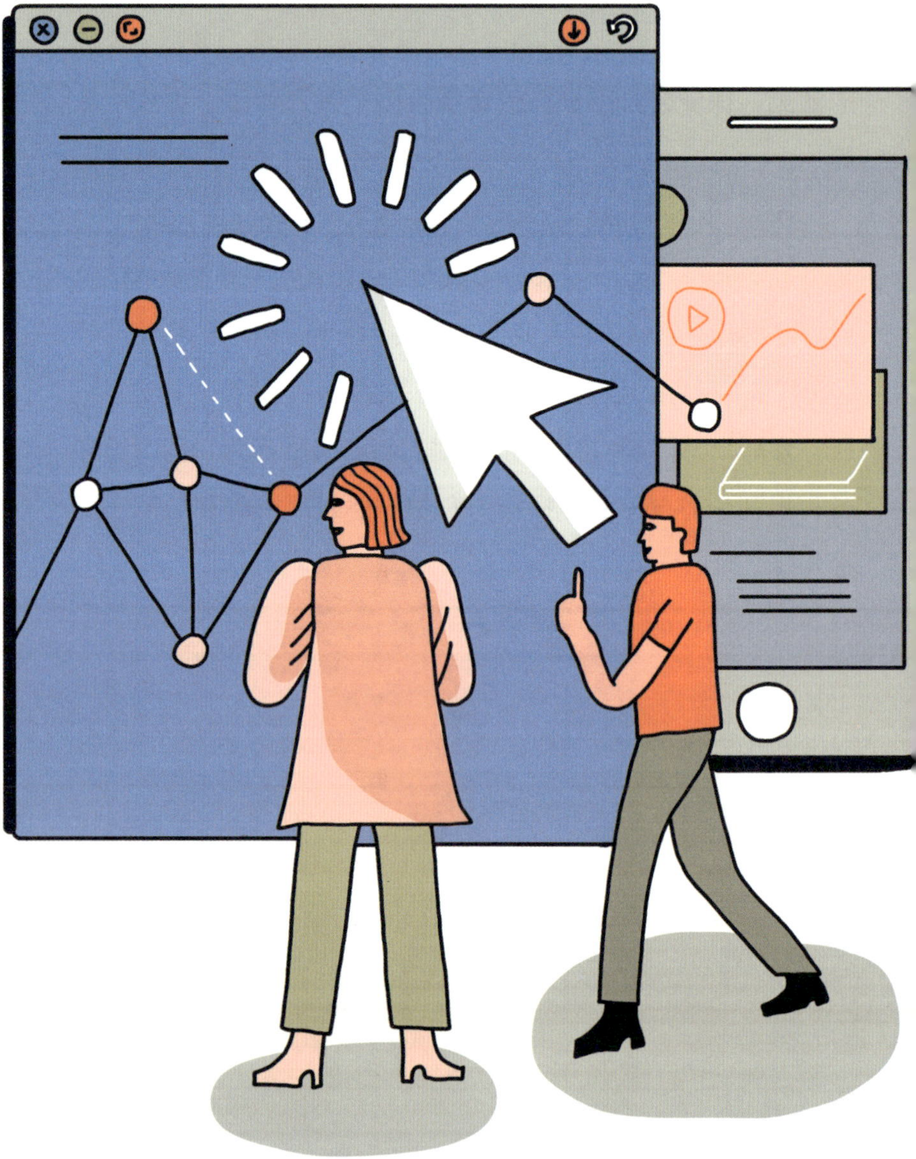

第三封信

从报刊到手机的转变

在这封信中,你将会接触到以下新闻传播学名词:

> 大众媒体 报纸 广播
> 电视 电脑 互联网

人类历史随着科学技术的发展不断前进,如果你仔细看看就会发现,科学的发展同时伴随着媒介的发展,如果没有更便利的沟通,人类世界将停滞不前。

亲爱的豆子：

在正式阅读这封信之前，妈妈希望你可以先在班上同学之间进行一个小调查，问问他们："目前，在你生活中发挥着最不可或缺作用的媒介是什么？"在搜集完同学们的回答后，统计一下其中出现频次最高的词。

在和妈妈分享你的发现前，我先来猜一猜结果："手机"一定是你的小伙伴们在回答这个问题时，最频繁提及的物品之一吧！尽管在日常生活中，报纸、广播、电视等传统大众传媒的身影仍然时常出现，但不可否认，搭载互联网技术的智能手机等终端，已经彻彻底底颠覆了人们的媒介使用习惯。

与豆子年龄相近的这一代小朋友们，从出生起就浸润在互联网技术所创设的数字化环境中。相比你们，妈妈的成长历程则见证着从"铅与火"到"声色光电"，再到"数字化、移动化、智能化"的媒介变迁脚步。在我看来，近一两个世纪，媒介技术的发展仿佛乘上火箭一般，"嗖嗖"地向空中超高速跃升，不断地更新换代，对社会施加着"科技的魔法力量"。

我想跟你分享一个曾经读过的著名比喻，是美国著名传播学奠基人威尔伯·施拉姆所提出的，名叫"最后7分钟"。这个比喻的精妙之处在于，其能够形象地形容自文字出现以来，媒介技术的更新迭代速度之快：

如果人类的历史共有 100 万年，假设这等于一天。

1 天 =100 万年；1 小时 =41,666.67 年；1 秒钟 =11.57 年

那么这一天中，人类文明的进展如下：

晚上 9 点 33 分，出现了原始语言（10 万年前）；

晚上 11 点，出现了正式语言（4 万年前）；

晚上 11 点 53 分，出现了文字（3500 年前）；

午夜前 46 秒，古登堡发明了西方活字印刷术（1450 年）；

午夜前 5 秒，电视首次公开展出（1926 年）；

午夜前 3 秒，电子计算机、晶体管、人造卫星问世（分别为 1946 年、1947 年、1957 年）。

继而，他总结道："这一天的前 23 个小时，人类传播史上几乎全部是空白，一切重大的发展都集中在这一天的最后 7 分钟。"

"最后 7 分钟"浓缩着人类媒介发展的历史，但由于语言和文字出现的年代过于久远，妈妈今天就先暂且不介绍它们的渊源了。妈妈从活字印刷术的发明说开来，沿着纸质媒介、电子媒介和数字化媒介的轨迹，为你讲一讲大众媒体变迁的足迹。

豆子，相信你也很好奇，这些在人类文明历史上扮演重要角色的媒介技术，分别出现于什么时期？它们的产生除了技术更新本身外，还存在哪些驱动因素？

说到大众媒体，就要从报纸的诞生讲起。

报纸

现在，人们说起报纸，往往是指近代以来出现的报纸，第一张现代报纸诞生于欧洲。报纸是人类历史上存续时间最长，并且时至今日仍然在社会中扮演重要角色的大众媒体形态和文化载体。

为什么近代以来的报纸能够归属于大众媒体这一范畴呢？"大众"这一前缀说明媒体的报纸生产已经达到一定的规模化和组织化水平，具备能够面向广泛的社会大众传播报纸的"实力"。那么，最古老和原始的手抄方式肯定是不可取的，因为不仅雇佣手抄报纸内容的人力成本非常高昂，在生产时间上也难以控制。

因此，实现技术革新，解决报纸批量化生产的成本和效率问题，是现代报纸产生的先决条件。或许，科技高度发达的今天，这个难题都称不上是一个问题了，毕竟我们都知道，凭借一台印刷机，就能够在一秒钟的时间内印刷出数页纸张。

但当时技术发展的水平远远不如现在。直到15世纪中叶，一个名叫约翰·古登堡的德国人发明金属活字印刷术，印刷品的生产效率才得到质的飞跃。尽管这一技术最早应用于其他领域而非新闻范畴，但其作为一股势不可挡的力量，直接使得出版物由手抄变为印刷，由不定期变为定期。[1] 如此，报纸大量复制所面临的难题有了技术保障。

我们都熟知中国古代四大发明：造纸术、指南针、火药和印刷术。早在6世纪，中国就出现了雕版印刷术，11世纪时，毕昇又发明了泥活字印刷术。不难看出，中国印刷术的发明远远早于古登堡金属活字印刷术，但为什么没有对现代报纸的产生发挥革命性的作用呢？

其实，技术的普及，也讲究天时地利人和，如果没有欧洲当时的经济、政治、文化和交通运输发展等方面提供的契机，或许古登堡印刷术也会和中国古代的印刷术一样，在时代中逐渐沉寂。

读者为什么会培养出每天阅读报纸的习惯呢？对于读者而言，他们关注的并非报纸这一载体本身，而是报纸中所呈现的新闻信息。好奇心和求知欲是每个人的天性。但是，如果一则

---

1 崔林．媒介史．北京：中国传媒大学出版社，2017. 62页．

信息与读者之间是风马牛不相及的状态，他们还会关心吗？答案自然是否定的，毕竟，人们的时间和精力也不是无限的呀！

在当时的欧洲，信息获取需求的产生以及报纸的大量生产，正与人们之间日益密切的交流联系有直接关系。

一方面，资本主义时代是从16世纪开始的，在这一背景下，以往自给自足的农业经济被工业经济取代，不同行业、不同部门之间的联系增强，分工也越发精细。生产和生活中时时可能发生的变动，使得人们不得不时刻关心新闻。

另一方面，经过15—17世纪地理大发现的探索，新航路开辟使得各个大洲之间原本相对孤立的状态被打破，世界逐渐连接成为一个整体，横跨陆地或海洋之间的贸易活动、文化交流也更为频繁。这使得人们不仅要关注本地的新闻，更要放眼世界，关注全球新闻。

报纸的产生还离不开城市人口规模的扩张。当我们的脑海中浮现出关于农村的印象时，往往会想到地广人稀的空旷景象，可以想见，在交通工具还不发达的年代，在农村里运送报纸并不方便。更何况，农村的生活节奏相对规律且较慢，并非每天都会产生大量的变动，那么新闻数量也随之稀少。

这时，城市的建立及城市人口的扩张，就为新闻的采写和报纸的发行提供了极大便利。资本主义兴起后，为方便大工业生产，一座座城市开始兴起，城市中的人口也呈现骤增趋势，分布密集。打个比方，在农村，可能送报纸的小工走一里路，才能销出两三份报纸；在城市，走相同的路程，却能卖出一百份。因此，城市的出现对于扩大报纸的销路至关重要。

总之，在多重背景的驱使下，专门进行新闻的收集、整理、发布和出售报纸的行业逐渐成形。报纸这一大众媒介在人类历史上延续了很长时间，也正是从现代报纸萌芽出现的中世纪起，媒介技术开始进入井喷式爆发的时期。此后，第一个向报纸发出"挑战邀请"的大众媒体，便是广播。

广播

在电子媒介产业尚不十分发达的时代，广播具有独一无二的优势。人们常常认为文字是冷冰冰的，印在白纸上的黑字，让人感受不到情绪的变化起伏。而声音则弥补了这一缺憾，其缓慢与急促、高昂或低沉、尖锐或圆润，都向听众传递着特定的情感体验，并引发同频共振。

同时，声音是最具有想象力的媒介之一。任何一种声音的发出，一定是处于特定的环境中：响起的声声蝉鸣中，悠长的夏日气息扑面而来；沉闷的雷声轰鸣而至，乌云滚滚、风雨欲来的天空仿佛也近在咫尺。

你看，声音总是匹配着相宜的画面，但它又不像影像一样，事无巨细地交代着场景中的每个细节，而是以"犹抱琵琶半遮面"的方式出现在我们面前。听众沉浸在声音之中时，便任由声音载着他们的思绪漫游在无垠的遐想空间中。

早在口语传播时代，声音的价值就已受到普遍的认同，但问题也随之而来：当时，口语传播往往拘泥于地理距离的限制，难以跨越时空的沟壑。但广播所搭载的电波技术，无疑为声音插上了翅膀，当声音能够在极短的时间内到达无远弗届的远方时，其所承载的内容类型亦得到极大扩充。与此同时，回放和保存声音的技术也不断趋于成熟，便将声音的魅力和潜在价值发挥到了极致。

那么，广播是在何时进入大众视野的呢？

最早一批广播电台的诞生颇具戏剧色彩。一开始，许多公司为促进收音机的销售，开始尝试着运营商业性质的广播电台。其中最为著名的是美国历史上第一家正式广播电台——匹兹堡KDKA，它于1920年11月2日开始运营，因此，这一天被认为是世界广播事业的诞生日。此后，新兴的广播电台如雨后春笋一般开始投入运营。

商业的因素固然是一方面,但广播迅速发展的主要推动力则是1929—1933年世界经济危机和"二战"时对于精神动员和舆论战的需要。[1]

在经济大萧条的社会背景下,股票下跌、工人失业、领取救济成为当时美国社会中人们见惯不怪的景象。这时,广播却出奇地受到美国民众的欢迎。迫于经济方面的窘境,各个家庭不得不开源节流,精打细算,广播成为全家人不用出门花销就可以获得消遣体验的娱乐方式。并且,随着广播产业发展趋于成熟,广播节目也拓展出了新闻资讯、音乐节目、广播剧集等异彩纷呈的类型,这使得更多的人乐意选择收听广播以调节单调乏味的生活。

电视

在经历繁荣后,广播的"劲敌"——电视隆重登场。之所

---

[1] 刘笑盈. 中外新闻传播史 第2版. 北京:中国传媒大学出版社,2012.243页.

以说电视是广播的劲敌，是因为它不仅和广播在流行时间上具有一定的接续关系，同时，电视在听觉以外，让观众获得的视觉体验极度膨胀。荧幕上流动着的鲜艳色彩以及生动拟真的图像，直接刺激着观众的感官，成为注意力的绝佳"捕获器"。因此，电视一经普及便迅速流行，对曾辉煌一时的广播发起了猛烈冲击。

在经历了前期的试验性探索阶段后，电视作为一种大众传媒正式登上历史舞台。美国传播学学者保罗·莱文森在《手机》中写道："20世纪40年代后半期，经过大规模开发之后，电视在10年的时间里就深入到86%的美国家庭之中。"如此惊人的普及速度，是报纸、广播等媒介技术所不可同日而语的。

电视技术本身也在不断更新进步，从黑白到彩色，从低分辨率到高清，从厚重到轻薄，从小屏到大屏，从寥寥几个到令人眼花缭乱的频道设置……电视产业的发展一直走在满足观众不断多元化发展的观看需求的道路上。因此，即便今天，其仍然在直播、新闻资讯、体育、娱乐等领域都发挥着举足轻重的作用。

电视之所以能够流行，并表现出长盛不衰的特质，有其必然性。在电视刚刚流行的时候，它为观众带来的是一个从未经历过的奇妙世界：时间和空间的距离仿佛在电视上消失了，它向我们展现出一个"拟真世界"，观众可以全身心地沉浸在画面和声音所构筑的世界中，专注到乃至忽略现实生活中正发生的一切。

时间的差异被抹平，即便新闻发生在遥远的大洋彼岸，"新鲜出炉"的现场画面也能即时通过电视屏幕传输过来，并生动地在观众眼前还原。同时，空间的距离也被弱化了，要了解"近在眼前"和"远在天边"等相隔甚远的两个地点的新闻逸事，只需要一个简单的动作——调整电视频道，便可以轻松完成。

电视带来的不仅是身临其境的观看体验，也深刻地影响着20世纪的社会政治和经济状况。当时民众感知全球经济局势的变化，也主要是通过电视这一重要媒介。

广播和电视都属于经典电子媒介的范畴，而瞥过电子媒介在时代发展上画下的浓重一笔，数字化媒介的脚步也已经悄然而至。

数字化媒介与互联网是相伴相生的。如果要选出20世纪改变人类生活最重大的发明，我想，互联网技术当推无二。

互联网

互联网的早期雏形阿帕网（ARPANET）于20世纪60年代末

诞生于美国，其发明之初，本是为军事服务的。随着技术的发展，逐渐走向大众。互联网带来的是内容传播速度和容量上的颠覆性改变。在互联网上，网民可以快速便捷地在不同的内容窗口之间切换，而通过搜索引擎检索到的内容更是应有尽有。

更重要的是，互联网技术将全球人类都编织进了一个密密麻麻的虚拟网络之中。如今，每个网民都化身为网络中的一个小小节点，随互联网快速跳动的脉搏而生存，感知着互联网不断更新所带来的衣、食、住、行等方方面面的变化。

面对互联网的冲击，报纸、广播、电视等传统媒体的生存空间受到了高度压缩，它们也纷纷走向数字化转型的道路。电脑、智能手机等终端的包容性无疑是极强的。通过它们的屏幕，文字、图片、声音和影像等多媒体形式的呈现都可以实现。阅读报刊或书籍、观看电视节目以及收听广播等各种各样的行为，在一部单手就能掌控的小小智能手机里，便能够尽数完成。如此景象，在二三十年前是很难想象的。

纵观现代媒体变迁的历史，我们可以看到，过去的一百多年是媒介技术的高速发展期，纸质媒介、电子媒介到数字化媒介的"三级跳跃"已然在这段时间内完成。无论技术形式如何变化，媒介都始终处于与人类的"交往"之中，因此，人类的媒介使用环境、偏好和习惯也同时处于高速变动的过程中。

在数字化媒介时代，我们常常在电脑、智能手机上进行着"点击"和"滑动"这两个动作，它们仿佛已经成为我们面对数字化媒介屏幕时的下意识反应。

无论是用手点击手机屏幕，还是使用电脑鼠标代替我们的手点击电脑页面，"点击"仿佛成为每个人打开潘多拉魔盒的密钥，轻轻一点，页面就将会跳转至我们期望到达的目的地，尽管具体内容在页面完全呈现之前暂时是未知的。而"滑动"也适配着用户在数字化媒介上养成的全新使用逻辑，滑动意味着刷新页面，意味着由上而下地阅读文字，意味着在一个个接踵而至的短视频中进行切换。

甚至，我们的身体姿态也会受到媒介的影响。用户视线似乎也越来越离不开电脑或手机的屏幕，一个形象的词——"低头族"被发明出来，用来形容长时间"低头看屏幕"人们。

但如果将时间的指针往前拨动，倒回到三四十年前，那时妈妈大抵与你年龄相仿。这是，智能手机并未兴起，在传统大众媒体的"主宰"下，人们与媒介间的互动行为别有一番光景。让我们"穿梭"回去看看吧！

在妈妈小时候，纸张是阅读文字最主要的媒介，而电视较为昂贵，还是个稀罕物，因此，报纸便成为人们了解新闻最重要的渠道。每天早上到家门口的信箱里取报纸的动作，已经成为一种肌肉记忆。纸张是阅读文字最主要的媒介。在我的记忆中，每天刚刚印刷出厂的报纸和街角新鲜出炉的包子一样，都散发着自己独有的气息，纸张的油墨香气令人心驰神往。那时候，"点击""滑动"这些动作还不存在，人们习惯用手轻轻翻动页脚，在一页一页纸张堆积而成的厚重感中，享受阅读带来的实实在在的成就感。

有一段时间，便携的、移动式的收音机深得我心。拧开按钮，收音机里传来遥远地方的声音，有时信号不稳，机器里便会传来沙沙的声响。那时，一张因翻看次数太多而破旧的纸上，密密麻麻地记录着妈妈常听的调频，而对电台节目排播表，我也早已烂熟于心。全新发布的单曲、令人捧腹大笑的访谈、传统戏曲，各种声音都能从同一台机器中发出。声音这个媒介，看起来似乎单调，不如斑斓的图书插画和丰富的电视场景带来的视觉冲击力大，却有能够让心灵平静下来的神奇力量。收音机陪伴着妈妈度过了一个又一个百无聊赖的寒暑假，仿佛早已经是我素未谋面的故友。

后来，电视不再是奢侈品，逐渐，进入每个家庭。电视制造了专属于它的"黄金时间"，晚间新闻主持人抑扬顿挫的播报声响起，仿佛与全家人的晚餐时间达成了某种默契，为我的"晚餐记忆"增添一些除食物外的丰富色彩；而晚饭后，"面朝电视，背靠沙发，按动遥控板"又成为一代人的固定动作，电视主导着全家人每天晚上难得的休憩时间。

此外，电视往往还关联着许多意义特殊的时刻，这源于其在重大事件传播中所发挥的重要作用。曾几何时，一年一度的春节联欢晚会是阖家团圆的代名词，全家围坐在电视机前，倾听主持人在跨年时刻喊出"3、2、1"的倒计时。但随着手机等移动终端的使用，这样的记忆似乎已经越来越淡漠。

在媒介及其用户使用习惯的变化上，我们不难窥见，在某一种媒介流行的年代，人们会不可避免地在思维和行为上受到媒介特性的影响。

未来，传播媒介变迁的高速列车将驶向何处？我们会不会更加目不暇接？我想，每个人都猜不透，也说不准。但我始终认为，不论传播媒介变迁的速度多快，都应清醒地认识我们所处的媒介环境，认识身处其中的自己，并坚守某些自己能够受益一生的习惯：适当的自律克制、理性独立的思考以及逻辑缜密的表达等，如此，才可以坦然自若地面对任何一种未知的变化。

爱你的妈妈
2023年2月

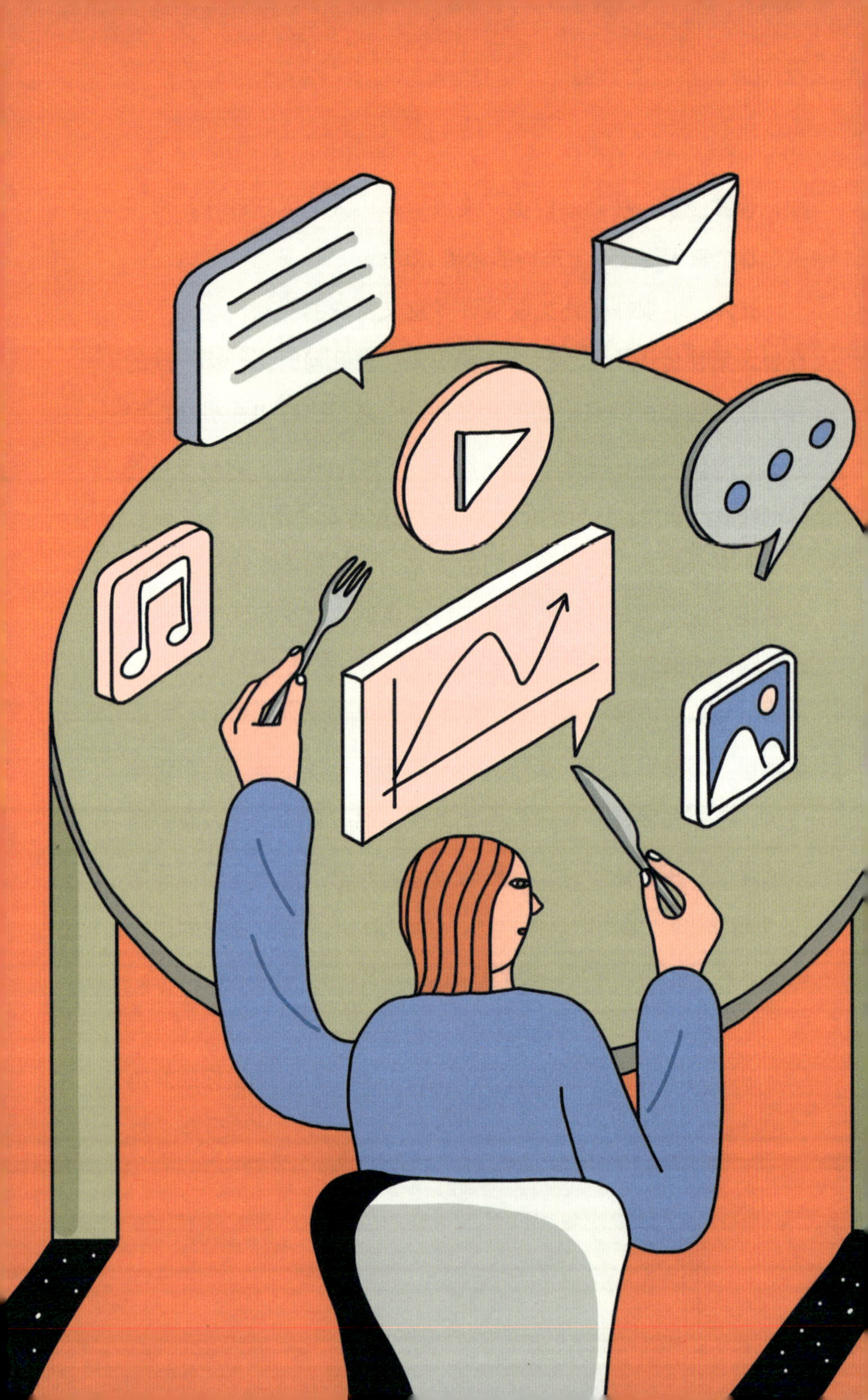

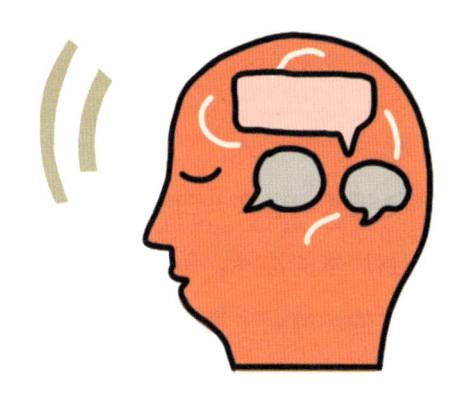

第四封信

被海量信息包围的日常

在这封信中,你将会接触到以下新闻传播学名词:

信息环境　信息过载　直播

算法推荐　搜索引擎　噪声

　　你有没有统计过,在一天的时间里,你能看到多少文字?多少张图片?你一定会惊讶于我们日常不知不觉接收的海量信息。那么,置身这个信息的汪洋,我们该如何自处?

亲爱的豆子：

你是否还记得去年夏天我们全家人到大海边的旅行？你惊叹于大海的宽阔，望不到海水的边际，鱼群自由自在地在海水中游动。鱼儿依靠水提供的环境而生存，而海洋也因鱼儿的活动而富有生机，它们共同构成了海洋的祥和。

信息环境

孩子，你是否觉得海水与鱼儿的关系，正如信息与人类之间的关系一般，是相互依存的、微妙的、密不可分的、互相影响的呢？尤其是随着互联网等技术的飞速发展，密密麻麻、接连不断的信息内容正如海水一般将日常生活中的我们包围，我们现在就像是遨游在信息汪洋中的"鱼儿"。

为什么信息对我们个人乃至整个社会，都发挥着如此不可替代的重要作用呢？我们日常的交流活动离不开信息，不论我们是通过语言进行沟通，还是通过动作传情达意，这些都属于信息交流的范畴，信息在人与人之间的传播，也是我们的想法、观点和态度得以传递、交汇和碰撞的过程。就像你每次在班上获得奖状时,你总希望老师能够给你竖起大拇指,又或者希望看到爸爸妈妈对着奖状露出欣喜的笑容,而每次你在做错事情不知所措的时候,你又总希望姐姐能够拍拍你的肩膀、抱抱你或者讲几句安慰的话。不论是竖大拇指、露出笑容,还是拍肩膀、拥抱,它们都属于非语言信息,通过人们的姿势或表情等传达意义:竖大拇指和露出笑容是认可之意,而拍肩膀和拥抱又是对你的宽慰,它们都传达着周围人对你的态度,这种互动过程是非常重要的。试想,如果不论是你遇到开心的事情,还是难过的事情,都没有人对此发出信息、给出回应,你的心里该会感到多孤单呀?

除了人与人之间的交流,各种各样的信息还让你能够了解小到我们的邻里和学校、大到整个世界每时每刻都在发生什么,能够消除你对周边环境的不确定性,满足人类作为社会动物即时了解外部环境变化的需要,同时电影、电视或书籍等形式的信息,还能让我们获得精神上的休憩与愉悦。例如,学校的广播常常会播报一些失物招领的信息,粗心的同学就不用毫无头绪地寻找失物了;爸爸车中的车载广播常常对城市当下的道路拥堵状况进行介绍,这也是一种信息,因为它能够让爸爸及时避开拥挤路段;从爷爷每晚七点雷打不动观看的央视新闻联播里,你还能看到来自全国乃至全世界各地的新闻,了解世界的最新动向；而姐姐总是喜欢在闲暇的时候观看一部部经典电影，沉浸在难得的休闲时光中。所以，尽管我们每个人接触的信息类型可能有差异，但不可否认的是，这些信息对于每个人都十分重要。同时，信息的存在还对全球政治、经济、文化和社会等各个领域都有重要意义，人类社会整体的持续运转和发展也离不开信息。

信息过载

从远古到现代社会，信息的形式也在不断进化着。实际上，从远古开始的大部分文明时期，信息都处于匮乏状态。那么，为什么我们将现在的信息环境比喻成"汪洋"呢？这是因为随着信息技术和互联网的快速发展，现代化的信息传输技术能够解决以前信息传播过程中存在的效率较低、渠道稀缺、生产者有限以及载体空间有限等难题，"信息过载（Information Overload）"这一概念也随之提出。信息无处不在、无时不有，它们包裹着我们生活的每一个时刻，并且捕捉着我们的注意力：闹市商圈中的大屏幕播放着花花绿绿的视听内容，地铁公交等交通枢纽也往往发布各种各样的广告信息,更别提只要我们一通过手机或电脑等设备连通互联网,各式各样、来自全球各地的信息我们都能够接触到,微信、微博等社交软件中往往"躺"着数条等待我们处理的信息。由此可见,信息时代发展的结果就是,每日社会上的信息从白天到黑夜接连不断,如潮水一般涌向我们的注意力范围之内,似乎只要我们不是处于睡眠状态,庞杂的信息就会一直笼罩着我们。

然而,当我们身处信息汪洋时,我们是否真正了解它呢?

不可否认,丰富多样的信息为我们打开一扇了解世界最新动态的窗户,让我们能够与世界万物进行交流和沟通,更好地认识我们赖以生存的地球。你还记得你最喜欢的那部讲述地球生物的纪录片吗?生活在非洲大草原、南美热带雨林、北欧冰川等不同环境中的多种多样的生物,都在片子中得到清晰而生动的呈现。它们的形象各有各的可爱,它们在大自然中的斗智斗勇展现了各自的智慧。这些内容现在都能够在镜头之中,甚至连小动物身上的绒毛和触角,我们都能看得一清二楚,这或许是我们即使身处现场都难以看真切的。如果我们要到这些地方去和这些动物——"见面",那可能得花费好几年的好几个假期;而现在,仅仅通过一块屏幕,我们就能够近距离地获得在各个不同国家"旅游"的体验,这在以前是想都不敢想的！

而对于更多与你年龄相仿，却身处教育资源匮乏的贫困地区的青少年来说，这些优质且丰富的信息资源就是他们通向"光明未来"的必经之路，是连接闭塞山区与外面的世界之间的绳索。

不过，姐姐在多年与信息"打交道"的过程中，也渐渐感知到庞杂的信息带来的"双刃剑"效应。于是，我也时常反思：我们接触到的信息数量越多、类型越丰富，一定就越好吗？为什么当下平台推荐的信息似乎与我们越来越"心有灵犀"了？这背后有什么"不为人知的秘密"吗？尽管这些问题可能对你来说还有些深奥，但是如若把它当作我们人生中一切信息接触行为背后都需要思考的命题，将会有益于培养我们对信息的正确态度。

不光是你，你周围的朋友也一样，大家目前都处于信息过载的汪洋之中，我们需要即时追赶最新的信息动向，它们成为我们人际交往过程中的重要谈资。豆子，或许你也有过这样的体会，在课间，同学们谈论的话题包罗万象，可能是兴趣爱好，也可能是新闻事件，或者是学习内容，但不论是什么样的主题，总会涉及这个领域的最新动向，如果我们不了解这些最新信息，就难以在谈话中和别人找到"共同语言"。因此，为了跟得上同学们的节奏，你或许常常会陷入一种不断追逐信息的状态：为了追赶同学们的话题讨论的节奏而不得不主动去搜寻一条又一条的信息，一旦错过，就会因为担心不能跟上他人的脚步，而在心理上陷入焦虑状态。可是，当下信息的更新速度飞快，这种持续的追赶会让我们难以停歇喘息，令我们没有时间去进行更有条理、更充分的思考。

除了被信息"牵着鼻子走"以外，应接不暇的信息还可能让我们沉迷于虚拟世界之中。充满新鲜感的文字、视频或游戏总是如此轻而易举地捕获我们的注意力，当它们在日常生活中将我们紧紧包围，又常常让我们沉迷其中，打破我们日常生活的节奏。豆子，尽管你是个很自律的孩子，但你仔细回忆一下，是否会发现自己偶尔也会因为沉迷于电视动画片中而忘记按时吃饭？你是否也通过刷短视频、玩游戏等方式放松身心，而常常空不出时间与大自然亲近、与同学或邻居小朋友玩耍，或者与家里人一起感受亲情？当信息已经将我们生活的方方面面包围时，它似乎成为我们"躲避"现实生活的一方天地，也让我们享受现实生活的时间越来越少。

长期面对信息过载的环境，还有可能造成我们对信息"消化不良"。信息是每个人成长过程中必不可少的精神养分，它们能够增长我们的知识、开阔我们的视野。海量的信息构成了我们日常生活中的信息"盛宴",面对这一顿顿信息大餐,如果我们不加选择地食用,不仅会在接收信息上面耗费大量时间,同时也容易造成消化不良——人的注意力和理解力都是有限的,当过量的信息涌入我们的脑海之中,会导致注意力分散,相信你也发现了,有时候妈妈一次性向我们交代许多事情,而我们对于每件事的记忆都有些模糊,这就是因为过量的信息超出了我们大脑的处理上限。

相信经过前面的讲解,你已经知道:原来我们在日常生活中已经耗费了这么多时间在接收信息!那么,你可能和姐姐小时候也有相同的疑惑:爸爸妈妈小时候也会通过报纸书籍等形式接收信息,为什么他们当时并不像我们现在这样,这么容易沉迷在信息汪洋之中呢?前面姐姐已经提到了,一方面是因为现在信息的内容及传播渠道格外丰富;另一方面,这也与隐藏在当下互联网平台信息推荐机制背后的"狡猾"心思有关。

算法推荐

不知道你是否有这样的感受:当我们在大大小小的互联网平

台中浏览信息时，它们似乎变得越来越"懂你"。这背后隐藏了怎样的奥秘呢？这实际上就是"算法推荐"在发挥作用。这个词语听上去有一些抽象，姐姐给你打一个比方，你记不记得在逛商场时，售货员如何向我们推荐商品的？他们往往会在我们挑选商品时，认真观察我们的动作、神态和表情，根据他们的判断向我们积极介绍我们可能需要的商品。这种通过需求个性化推荐商品的方法不仅可以实现销售额的增长，也能够在一定程度上增加购物者对于商场的好感，成为商场的"回头客"。

而信息与我们日常购买的商品具有类似属性，每个人在浏览信息时都有不同的目的和偏好，信息需求具有"千人千面"的特点。比如，豆子你最近正在准备学校的英语演讲比赛，在网络上搜索信息时就会更多关注有关英语口语的内容；但妈妈最近正在准备为全家人更新换季衣物，她更关注的是近期的购物优惠信息。不同类型的互联网平台在我们进行信息消费过程中扮演着类似"售货员"的角色，它们希望尽可能让我们花费最少的时间和精力，就能够在信息汪洋中获得符合自己需求的内容。因此，正如售货员会对消费者进行察言观色，如果互联网平台能够对我们平时的信息消费行为进行深入观察，分析我们最频繁接触哪类信息，最偏爱哪种类型的信息，以及最关注哪些话题等，就能够精准地向我们推荐我们感兴趣的信息内容。

当然，互联网平台毕竟与现实生活中的商场具有天壤之别，每时每刻都有无数来自全球各地的人们在进行信息搜索，要人工分析他们数以亿万计的信息使用行为是难以实现的。俗话说："科技就是生产力。"现在，就到了先进的算法技术大展身手的时候了！它们能够通过自动、高效的计算方式对人们的信息消费行为数据进行分析，并根据结果向我们推荐信息。这些信息的产生可能基于与你有相似兴趣的用户的内容喜好，也可能基于你所喜欢的内容。总之，在算法推荐机制下，平台能够以超高的效率、准确的适配度以及相对可行的便利性为我们筛选并推荐信息。我们不得不承认，在信息过载的环境下，这能够大大提升我们在信息海洋中"冲浪"的效率，减少诸多琐碎的信息搜索操作和时间浪费。当然，信息生产者此举并非仅仅为了给用户带来更舒适的体验，其中也涉及它们自己所能获得的经济利益，之后姐姐会专门给你分享一下这方面的内容。

我们都知道，鱼儿之所以能够在海洋中自由自在地生存，是因为它们找到了与环境相处的正确方式。豆子，现在的我们徜徉在信息汪洋之中时亦应如此，我们需要在信息的海洋中不断练习遨游的姿态，调整与信息环境之间的相处方式，才能够不在汪洋中溺水，不迷失于海量涌现而不断变动的信息浪潮中，从而在信息汪洋中始终明确自己的目的地，寻找自由自在呼吸和游动的可能性。

首先，在每次搜寻信息之前列出自己的"信息清单"。面对互联网时代"乱花渐欲迷人眼"的大量信息，我们在搜寻信息的全过程中，一定要始终询问并反复提醒自己：我的信息搜寻目标是什么？我需要什么形式和内容的信息？获取多少条信息对于自己而言是足够的？以上，便是我们每次进行信息搜寻行动时的"信息清单"组成项，我们不必将它们分门别类写在纸上，但起码应该心中有数，因为它们是指引我们尽快到达目的地——信息迷宫出口的地图，是让我们在眼花缭乱的信息丛林中保持最清醒认知的提示器。

同时，面对信息汪洋，我们应当有信息筛选和过滤的意识并付诸行动。要知道，"减法"也是一种艺术。在信息科学中，有一个概念叫作"噪声"，只有排除信息接触过程中可能存在的噪声，我们才能真正获取有价值的信息。从传播学的角度来看，噪声就是传播过程中的干扰。因此，在信息接触过程中，我们必须练就一双孙悟空的"火眼金睛"，能够识别、判断并排除噪声的负面影响。例如，当我们在网页上查阅信息时，就要尽量避免被页面上无关的广告内容分散注意力；当我们收听广播时，如果发现音频内容断断续续、听不清楚，就应该及时切换频道，搜寻类似内容，避免浪费时间。

在获取信息的内容、类型和规模上做"减法"，不能毫无节制地沉迷于信息汪洋中，尤其对于游戏、短视频和电视剧等娱乐消遣类内容我们也要注意，它们带给我们轻松的身心体验，也更易让我们产生依赖感，甚至产生成瘾现象。就像姐姐在前面跟你讲过的一样，现在已经是一个信息"追"着你跑的时代。你看，每次一打开短视频平台，当你看完一个视频，平台就会源源不断地给你推荐其他视频，那么这时候就不能放任信息向我们疯狂涌来，应主动地退出软件和关闭手机，这不失为一种从信息汪洋中浮出水面的简单又快速的方法。同时，我们还应该花费更多时间去寻找现实世界中的乐趣，自然中的一草一木，学校中的每一个活动，家庭里的每一次相聚，它们或许并没有包含那么多我们未知的、新鲜的信息，但是却可能成为我们成长过程中最难忘的、不可替代的记忆。

最后，尽管前面姐姐给你简单讲解了算法推荐的好处——它能够帮助我们减少因浏览大量无效信息而造成的时间、精力浪费，并且也能够让我们接触到更多自己感兴趣的内容，但是，这同时也会带来一些类似于妈妈所说的"偏食"问题。试想，如果我们大量接触自己熟悉并喜欢的内容，而忽略了信息类型的多样化，那么最终可能就会像那只井底的青蛙一样，视野只有自己头上那一方小小的天空，这不利于我们形成对世界全面完整的认知。因此，我们在接触信息时也可以适当消灭一些我们的"个性化棱角"，注意主动地涉猎各种类型的信息。与此同时，也要多与同学、朋友和爸爸妈妈交流对于这些信息的感悟，沟通的过程中，你能够接触到他人的信息储备，感知到不同的视角，这亦能够帮你打开新世界的大门！因此，我们在享受信息推荐带来的便利的同时，更要巧妙地与之"博弈"，有意识地优化自己的信息消费行为。

  豆子，你看，我们与信息的关系正如鱼儿和水一般，是如此不可分离。而这两者的不同是，我们要处理好自己与信息之间的关系，对于信息的过度沉迷可能会让我们在信息汪洋中遭遇"溺水"的危险。姐姐在上面已经根据自己的经验教训，介绍了一些方法，期待看到你更多的思考和探索，相信你一定能够慢慢地找到自己与信息相处时最舒适的方式、最恰当的距离！

爱你的姐姐
2022 年 10 月

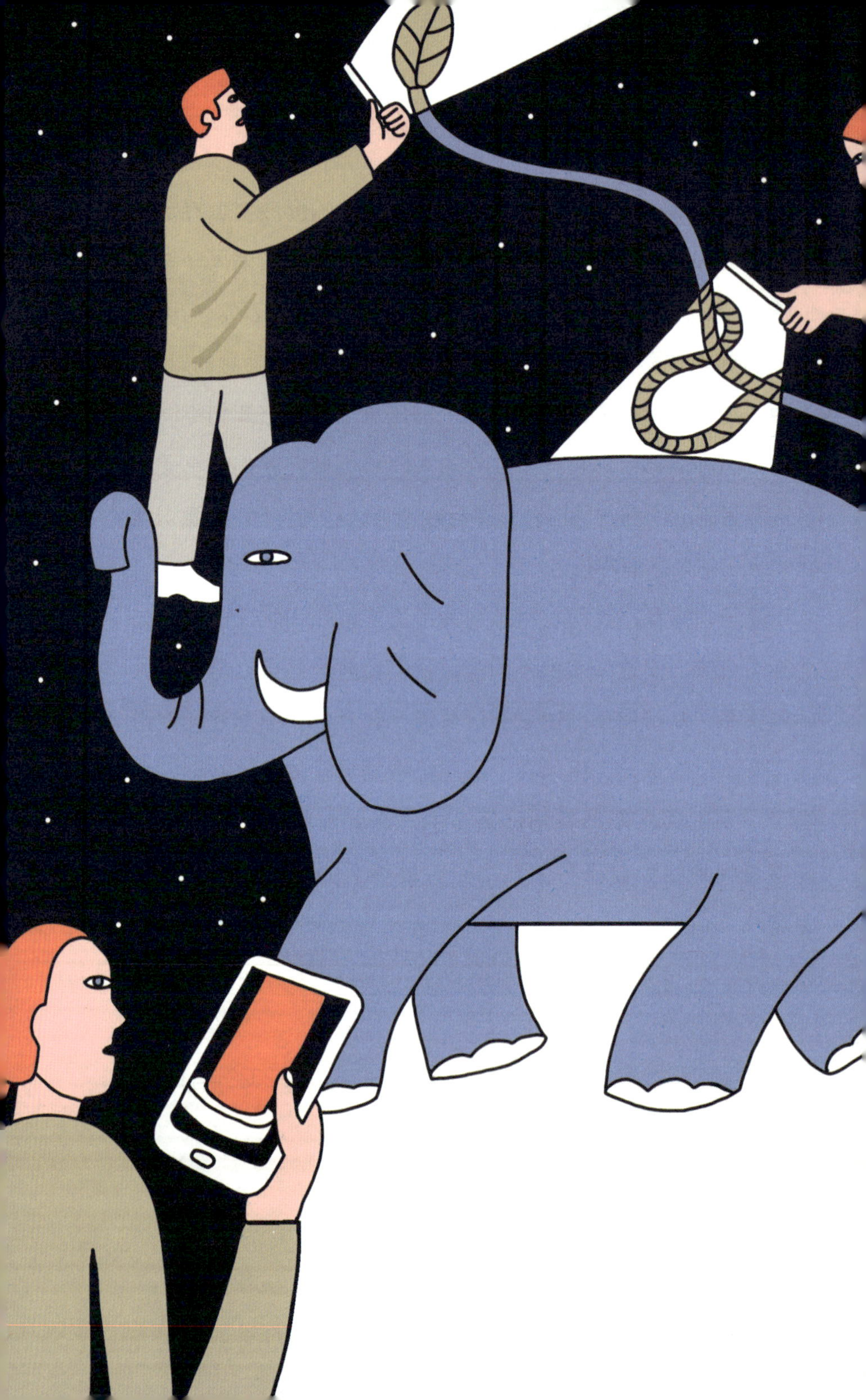

第五封信

识破假新闻

在这封信中,你将会接触到以下新闻传播学名词:

> 假新闻 后真相 社交媒体
> 传播模式 个别真实 整体真实

你有没有发现,现在新闻变多了?我们能在手机上看到非常多来自世界各地的信息。你有没有注意过这些信息是谁发布的?这些所谓的"新闻",是否都是真实的呢?

豆子：

　　很欣喜能够在新学期看到你的变化。妈妈注意到你看电视时不仅仅关注动漫频道的动画片，有时也会跟着我们一起看新闻节目，爷爷订阅的报纸看完之后随手摆在桌子上，你也会兴致勃勃地拿过来翻看，尽管还有好多字你需要查字典才能认识。对于新闻的"读后感"，你也乐于与我们交流，前段时间，神舟十三号载人飞船中搭载的三位伟大航天员在太空遨游的时候，你不仅每天关注他们的最新动向，还时不时追问爸爸妈妈，诸如"'太空出差三人组'是怎么睡觉的？""飞船上有卫生间吗？"等问题。你的小脑瓜总能从新闻中获得无穷无尽的奇思妙想。

　　恭喜你，孩子。你已经自己慢慢发现了一个去接触、了解并认识日常生活以外更广阔世界的途径，新闻已经在不知不觉中对你产生更深的影响。"世界那么大，我想去看看"，别说全世界是多么宽广，幅员辽阔的中国我们都难以走遍。那为什么又会有"世界村"这个说法呢？这是因为随着通信技术的发达，远在千里之外的信息可以搭载技术的通路"瞬移"到世界各地，遍布在"世界村"各个角落的"村民"才能够及时获取新闻。

假新闻

在你开启更为丰富的信息世界大门时，妈妈也会担心"乱花渐欲迷人眼"。因此，了解有关"假新闻"的一切，对你而言也是必要的。新闻所报道的内容都是事实吗？答案是否定的，有时候假新闻也会存在，对我们产生误导。什么是假新闻呢？用最简单的话说，假新闻就是以不实的"新闻事实"为依据而报道出来的"新闻"。[1]

那么，为什么会有假新闻产生呢？假新闻又为什么能够插上翅膀得到广泛传播呢？

第一点，媒体所面对的整体媒介环境改变了，出现为吸引读者注意力而过于追求新闻速度的情况。你可能听说过这样一句话："从前的日色变得慢，车、马、邮件都慢"，这种以"慢"为特点的信息传播方式或许你没有什么体会，但妈妈小时候却常常经历：前一天的报纸经过邮政运输，第二天才能看到，在今天来看这些报纸中的新闻一定程度上已经可以划为"旧闻"的

---

[1] 杨保军. 认清假新闻的真面目 [J]. 新闻记者, 2011(02): 4—11.

范畴。而现在不同了，我们几乎随时可以接触到移动智能手机，通过手机，我们看到的新闻是即时更新的。但这又导致了一个新问题：新闻的涌入是海量的，但我们的注意力却是有限的。打个比方，在你们学校的运动赛场上，全校同学的注意力总是会被赛道最前面的选手吸引，而现在各家媒体就是跑道上的"选手"，读者是看比赛的"观众"，为了吸引读者的注意力，各家媒体都铆足了劲让自己的新闻以最快的速度"奔跑"到读者的眼前。但，"快"往往"不稳"，媒体一味追求速度而忽略对于事实的核查，导致假新闻频频出现。

第二点，媒体的新闻生产者专业水平参差不齐。孩子，你可能会注意到报纸上的每条新闻后都紧跟着"本报讯记者"之类的文字，随后的名字就是采写这些新闻的记者的名字。尽管为了能够进入到媒体这个行业，这些记者都学习了相关专业知识、经历了大大小小的实践考验，但"师父领进门，修行在个人"，就像在你们班上，老师教授同样的课程、布置相同的作业，但同班同学完成的作业在质量上却总有差距，这是因为个人能力或擅长领域不同而导致的。记者也是如此，他们身上可能存在着各种各样导致假新闻的"短板"：有的事实核查能力欠缺，有的对专业领域不够精通，还有的对新闻生产流程执行不够严格，等等。而"差之毫厘，谬以千里"，有时在新闻采写中可能只是漏掉了一个数字，但会导致严重后果。前几年一家媒体闹出"乌龙"，他们发布新闻称"台风利奇马已致全省人死亡，7人失踪……"，而导致这则假新闻的"罪魁祸首"，就是粗心的记者在写死亡人数时"人"字前少加了数字"5"。

第三点，新闻生产的门槛降低了。这与社交媒体（Social Media）的兴起有较大关系。所谓社交媒体，指基于用户关系的内容生产和交换平台。可能你会觉得这个概念有点抽象，但实际上在生活中你常常会接触到社交媒体，比如你常常用来跟外婆视频通话的微信，就是社交媒体的一种。另外，当你看到身边的一株花、一株草等，都可以用微信来发布图片和文字等内容，以抒发感想。就这样，生产新闻的门槛降低了，不仅有专业的、权威的媒体机构，许多普通用户也可以通过创建自媒体账号等方式参与到新闻生产中，"人人都有麦克风"的时代到来。但这种互动性更强、传播速度更快的传播方式极易成为滋生谣言的土壤，只要拥有社交媒体账号、有基础的使用能力，任何一个人都可能将未经证实的信息作为"新闻"传播，甚至一些比较有诚信的新媒体也可能参与到这一过程之中。例如，2010年底，新浪微博一个账号发布的"金庸去世"的假新闻，"中国新闻周刊"微博账号未经证实便转发了这一谣言，社交媒体普通用户和拥有较大影响力的媒体之间的接力传播成为假新闻的

"扩音器"[1],可谓"等真理还在穿鞋子的时候,谣言已经走遍全世界了"。

第四点,后真相时代成为假新闻传播的助推器。"后真相"(Post-truth)被《牛津词典》选为2016年度词汇,而后真相描述的是当下这样一种现象:"客观事实的陈述,往往不及诉诸情感和煽动信仰更容易影响民意。"[2] 其中这个"Post"并不是前后的"后",而是"超越"的意思,超越真相也就是说人们觉得真相已经不重要了。举个例子,上次你们班上的同学张张脸上有伤口,有同学说他是被爸爸打伤的,出于对同学善意的关心,班上很多同学都非常愤怒,并传播这个说法;后来,虽然张张、他的爸爸和老师都在班上进行澄清,表示伤口是因为骑自行车摔倒造成的,但班上很多同学还是不相信。你看,这其实就是因为你们的愤怒情绪已经被点燃了,即使真相大白,这种情绪还是难以扭转,甚至你们会选择忽视真相。对于新闻而言也是如此,许多假新闻之所以能够传播得又快又广,就是因为它们

---

1 谢耘耕,王平. 从"金庸去世"看微博假新闻的传播与应对[J]. 新闻记者,2011(01):15—18.

2 彭兰. 更好的新闻业,还是更坏的新闻业?——人工智能时代传媒业的新挑战[J]. 中国出版,2017(24):3—8.

的内容能够煽动大家的情绪。

你可能会问,怎样才能分辨一则新闻的真假呢?的确,尽管小小年纪的你在牙牙学语时就与报纸、杂志这些纸质媒介"友好相处",而长大之后,电视、手机和电脑这些声音和画面更为丰富的新闻"传送机"又走入了你的生活。那么,如何判定这些新闻是不是真的呢?

新闻要素

最重要的一点,是学会提问、学会质疑。孩子,在看到一条新闻时,希望你克制"选择相信它"的本能,而是化身为拿着放大镜的"小侦探",去寻找新闻中是否存在逻辑破绽。"侦探"的过程应该如何进行呢?可以从新闻的几个关键要素入手,去判断这条新闻是否完整,是否符合新闻写作的规定。新闻要素实际上和小学作文课上老师教给你们的写作要素有相似之处,包含"5W+1H",即谁(Who)、何时(When)、何地(Where)、何事(What)、为何(Why)以及过程如何(How),也就是:新闻的人物、时间、地点、事件、原因和发生过程。如果一条新闻之中存在新闻要素缺失或不清晰的情况，那么你就要先在心里给它打个问号。

同时，你还应该养成查看新闻来源的习惯。在阅读新闻具体内容之前，你首先应该做的是看看发布这条新闻的媒体，并确定这家媒体的权威性如何。你现在已经接触到一些媒体，比如，爷爷订阅的报纸《人民日报》，爸爸妈妈在晚饭时经常看的央视新闻，它们都是在全国范围内影响力比较大的权威媒体，因此在新闻真实性上会更有保障。那你可能会问，其他我并不熟悉的媒体应该怎么判别呢？这其实也需要有一个不断查阅资料、不断积累的过程，你可以在互联网上搜索媒体的相关资料，或是向我们和老师提问，以确定这些新闻是否出自正规的出版刊物、新闻网站或自媒体。

此外，妈妈也鼓励你在阅读完新闻之后多和家人、老师或同学交流看法。因为，在接收新闻时，我们很难克服自身存在的认知偏差和局限。要确定新闻的真实性，不仅需要确证某一条新闻的真实性，即妈妈前面给你讲过的新闻要素的"5W+1H"，如果这6个要素都是真实准确的，我们称此条新闻满足新闻的"个别真实"。同时，还需要确证一条条新闻组成的整体是否反映了新闻事件的全貌和全过程，也就是新闻的"整体真实"。小时候妈妈给你讲过"盲人摸象"的故事，盲人们摸到的都只是大象的鼻子、腿、耳朵等身体局部，所以得出大象像蟒蛇、柱子、扇子等错误结论。你看，你能说盲人们接触到部位是虚假的吗？当然不能，他们触碰的都是真实的大象，但是因为拘泥于局部，产生了认知偏差。新闻也是如此，如果你局限于自己所阅读过的新闻，就很容易陷入认知偏差，但如果你多和周围的人交流自己的所见、所感，那么你就可以从这种沟通中获得更多样的信息来源，了解更多人看待事件的不同角度，及时知道新闻事件的最新进展。

最后，看到你能够逐渐通过自己的探索去发现更多了解这个世界的途径，妈妈很开心。感到新闻媒体就像是一个游历丰富、见识宽广的朋友，能够带你及时领略你所想要知道的一切变化。但希望你在与新闻"交朋友"之前，能够始终记得多思、多想、多提问、多交流，去分辨你所面对的是不是一个值得信任的"朋友"。

爱你的妈妈
2022 年 5 月

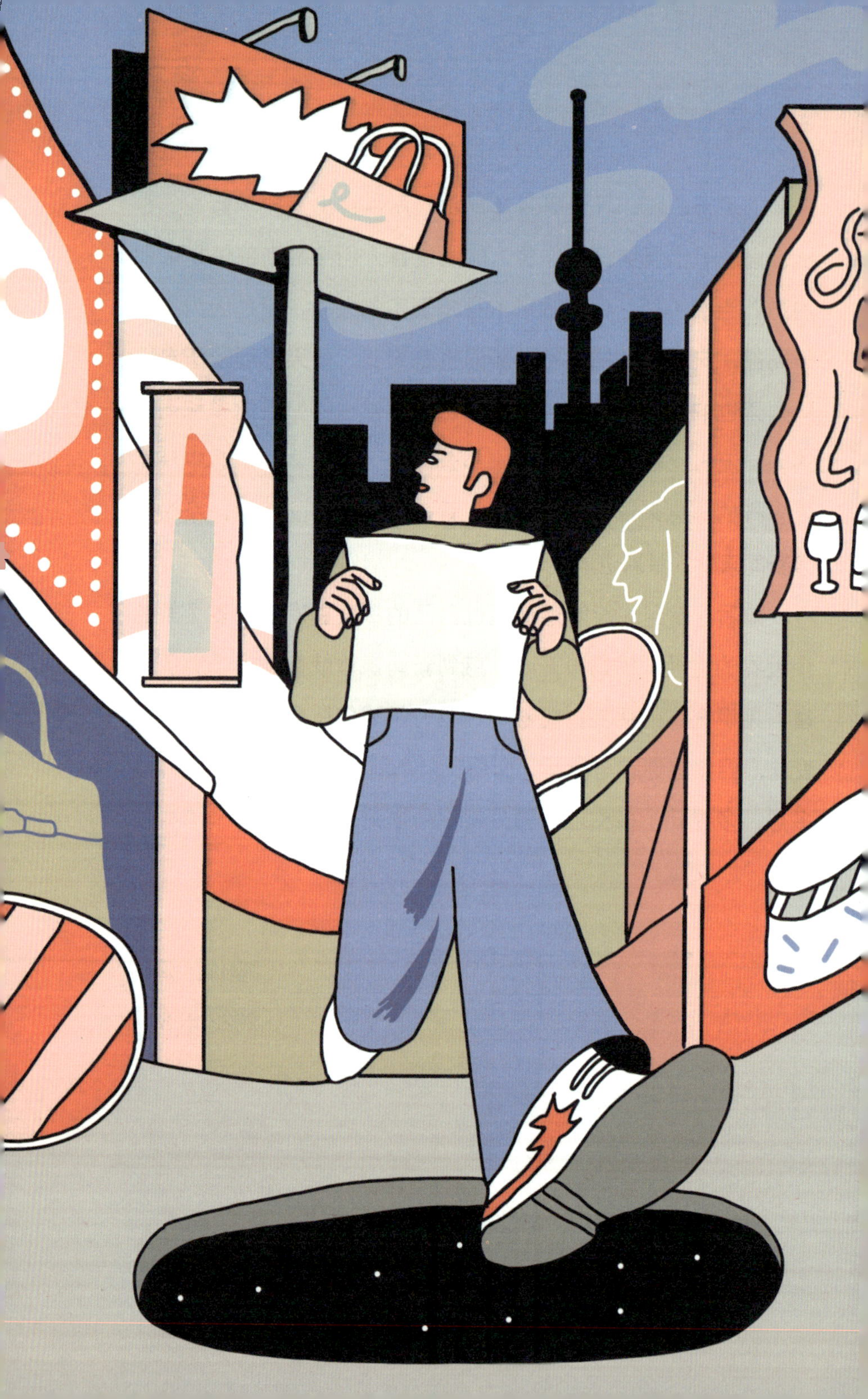

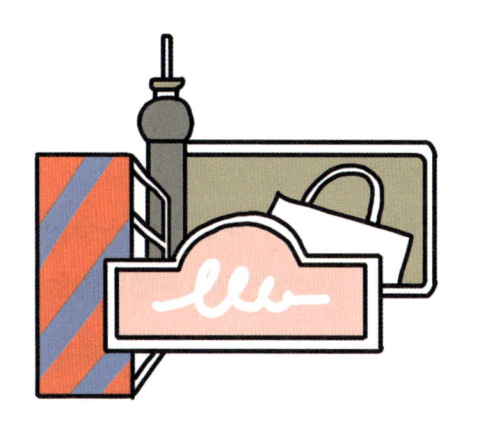

第六封信

广告很烦,但也必不可少

在这封信中,你将会接触到以下新闻传播学名词:

> 广告 广告规则 公益广告
> 宣传 传媒产业 消费心理

　　你看到过在路边发传单的人吗?这可能是我们见到的最原始的"打广告"的方式。除此之外,广告还隐藏在我们生活的各个角落,它们究竟有什么用呢?

亲爱的豆子：

　　回想每天放学的路上，如果让你做一个评选，你觉得最经常吸引你的是什么呢？尽管姐姐还不知道你的答案是否和我一样，但是经过姐姐的观察，你总是驻足在家门口公交站台上鲜艳亮丽的炸鸡图片前，被图片上看起来让人垂涎欲滴的食物所吸引，有时候你也会央求我或者爸爸妈妈带你去店里，并再三强调："我要吃图片上的那种看起来很好吃的炸鸡！"

　　实际上，公交站台上的炸鸡图片就是广告。就拿炸鸡广告这个例子来说，仅仅通过每天放学路上你与炸鸡"照片"的短暂"邂逅"，就足以使得你对它产生正面的认知判断——"看起来很好吃"，甚至也驱使你产生消费行为——主动到店里购买商品。豆子，看到这里，你是否恍然大悟：原来就算只是对广告的惊鸿一瞥，也会在不知不觉中对你产生一定的影响！

广告

　　那么，广告究竟是什么呢？先听姐姐一一道来。广告，利用我们常常使用的拆字法来说，即"广而告之"，也就是向社会公众广泛告知某件事情。在教科书中广告信息通常被定义为"来自于可识别赞助商的付费传播,使用大众媒体来说服受众"[1]。这里依旧以炸鸡广告为例,很明显,这一则广告的赞助商就是炸鸡商家,他们使用的媒体就是公交车站台的广告大屏,行人们在站台上来来往往,其中有不少人会和豆子一样被广告吸引,到炸鸡店进行消费。

广告的类别纷繁复杂,按照不同分类标准,广告包括不同类型,如:按照选用媒体不同,可以分为报纸广告、杂志广告、印刷广告、广播广告、电视广告等;按照内容不同,可分为产品广告、观念广告、品牌广告和公益广告等。

不同类型、不同目的、不同诉求的广告充斥着我们日常的生活,甚至在我们并没有察觉的情况下,它们就悄悄地挤满了我们的视野、占据了我们的时间。

每天吃完早餐匆匆坐电梯下楼去上学,豆子你扫一眼电梯轿厢墙壁,总能看见不断"长"出的新广告;路上,戴上耳机听英文新闻是豆子最喜欢的练习英语听力的方式,但有时你也会惊诧:听着听着,新闻竟然就"摇身一变"成为广告了;每天的

---

1 顾明毅,姜智彬,李海容. 百年广告定义研究辨析[J]. 现代传播(中国传媒大学学报),2018,40(04):122—129.

课间都会有一次眼保健操，你习惯这时候看看悬挂在教室前面的视力表，却发现边角上原来印着某家眼镜店的广告；有时候，在网页上查阅资料或观看视频时，你也经常大呼"上当"：为什么网页广告上明明有"×"的关闭标志，但一点击，是直接跳转到了广告页面？还有看视频时内容正进行到最激动人心的地方，可是广告却"不识时务"地弹了出来，打断了好不容易酝酿起来的观看情绪。花花绿绿的广告的确总是让我们感到苦恼，尤其是当它们在不恰当的时间和地点出现时，就会勾起我们的负面情绪，让我们想尽快把这位"不速之客"驱赶出去。

为什么广告在我们生活中的存在感如此之强呢？姐姐也曾经发出过类似的疑问，但是在抛却偏见，逐渐深入了解广告的过程中，姐姐发现广告也有专属于自己的"闪光点"。

尽管广告有时候确实很烦，但我们先不要急着拒广告于千里之外。对于商家来说，广告在大家认识并记忆品牌的过程中发挥着重要作用。

在中国，商业广告这一形式已经绵延了一千多年。在商业活动繁荣发达的宋朝，雕版印刷术广泛应用，已经有类似于当下广告宣传页的实物出现：北宋年间，一个名为"济南刘家功夫针铺"的商家所制作的一块印制广告的铜板传至今日，铜板上不仅刻着文字精练的广告宣传语，还印着一只拿着钢杵捣药的大白兔图案。

谈到"大白兔",你可能对这个品牌标志已经非常熟悉了,我们现在喜欢的一个糖果品牌也使用了这个形象。无论是北宋针铺广告,还是现在的糖果品牌,它们的广告策略具有异曲同工之妙,都采用一个辨识度高的兔子形象作为品牌的形象"代言人",为什么从古至今的品牌都选择这样做呢?

试想一下,如果一个品牌有生动的标志或形象,那么它们给我们留下的印象是不是会更直观和深刻一些?当我们看到大胡子爷爷的样子,脑海中就会出现肯德基这个品牌,就像金色的"M"字母代表了麦当劳、三叶草代表了阿迪达斯一样,品牌形象就像每个人的形象一样,十分重要。

同时,广告还是一种宣传方式,它让我们能够在较短的时间内了解到商品最核心、最关键的信息。尤其是对于豆子这个年龄段的小朋友来说,广告或许是你们了解一个此前并没有接触和使用过的商品的最主要渠道之一。就像我们经常在和别人初次见面时,彼此通过自我介绍的方式透露自己的个人信息、相互认识,成年人也会用精练个人信息的名片"推销自己"一样,广告也是商家的一张重要"名片"。

如果没有广告,我们在进行消费前如何了解商品信息呢?有一个词语叫作"有口皆碑",这个词语的意思是"所有人的嘴都是活的记功碑"。因此，在没有广告的情况下，我们往往会选择从周围消费过这种商品的人那里了解相关信息，这种个人对于商品的综合评价也就构成了商品的口碑。

然而，正如世界上没有两朵一模一样的花，每个人也具有自己独一无二的个性。我们对于商品的评价往往将自己的喜好作为标准，就像上次姐姐给豆子推荐了一款我认为味道非常不错的全麦面包，但是豆子在品尝的时候才发现自己不太能够接受这个口味。因此，通过这样的方式了解到的信息不够全面立体，并且也很容易造成盲目跟风的消费行为。但有了广告信息的补充作用，我们所了解的信息就能够更为全面。

豆子，相信你还发现，广告之所以能够给我们留下无处不在的印象，是因为它们还有个几乎形影不离的"好伙伴"——媒体，正是因为有网络、电视、广播和报纸、杂志等影响力极大的媒体助推，广告才像插上了翅膀一样得以"飞"进千家万户。在姐姐的记忆中，"怕上火，就喝王老吉""今年过节不收礼，收礼就收脑白金"等一代人耳熟能详的广告词都出自当时的电视广告，即便是在节目播出间隙出现的短短几十秒广告，也在一遍又一遍的重复后，给我们留下了如此深刻的印象，可见媒体在广告传播过程中发挥的作用之大。

那么，为什么媒体和广告之间的关系如此紧密呢？其实，这是因为通过与广告商的合作,媒体能够获得经济效益,并且广告经营现在仍然是媒体最主要的经济来源之一。豆子,报纸、杂志和互联网信息等在本质上也是一种商品,试着回忆一下,我们购买它们的价格往往十分便宜,就拿爷爷每天早上都要看的报纸来说,一份报纸的价格才1元!在物价不断上涨的今天,报社以这么低的价格出售报纸,是如何维持经营的呢?我们经常接触的互联网也是如此,它源源不断地提供了包含文字、图片和视频等各种形式的信息产品给我们,我们却往往不花一分钱就能够免费使用,难道信息生产者不会亏本吗?

媒体当然不是"慈善家",那么媒介产品价格如此低廉的背后隐藏着什么秘密呢?姐姐今天为你揭晓!

实际上,媒体与商家之间是相互依存、互惠互利的关系。商家制作广告的目的,就是希望能够最大程度上引起更广范围内人们的关注,而谁能够帮助这个目标尽快实现呢?媒体就是不二选择,报纸、广播和电视等媒体连接着全国各地的家庭,同一条信息通过它们能够抵达祖国的东西南北,而互联网的出现更是让全世界成为"地球村"。因此,广告商当然希望能够和媒体达成合作,使得广告能够起到更好的宣传效果。当然,广告商为达成合作,需要向媒体支付一定的费用,费用的高低往往与广告宣传效果相关。对于媒体来说,相比于单单出售媒介产品的收入，这笔费用是更为可观的。

而对于媒体来说，如果媒体拥有的受众数量越多，就意味着这个媒体所登载的广告能够被更多的人看到，广告的宣传效果相对来说也会更好。因此，媒体不论是出于扩大自身影响力的需要，还是获得更高额的广告费用的考虑，都会绞尽脑汁获取更多的受众注意力。这时候，"低价""免费"策略就应运而生了。果然，这样的方式能够很快奏效！

因此，长期以来，报社、电视台、杂志社的主要收入来源之一就是商家支付的广告费用，而非受众支付的媒介产品使用费。媒体与广告商之间的合作有着较长历史渊源，但也正因有广告这一"烦人"的存在，才让我们能够以较低的价格享受信息世界为我们带来的知识和精神满足。看到这里，你是不是对广告又爱又恨呀？

公益广告

除此之外，广告的社会价值也不容忽视。姐姐先来考考你，除了最容易识别的产品宣传类商业广告，你还知道哪些类型的广告呢？有一个类型的广告，它们并不具有商业属性，不是以推销商品、获得经济利益为最终目的，却也常常出现在我们的视野之中。相信你已经猜到了——公益广告。

公益广告是公益事业的重要组成部分，包括保护环境、保护动物、希望工程、禁烟禁毒、社会公德等内容类型，它们往往通过内涵寓意深刻、容易引发深深共鸣的内容，发挥其对于社会道德文明建设的重要作用。

公益广告往往以"润物无声"的面目呈现，但它的"地位"却是不容小觑的。根据统计，2021年，我国播出广播公益广告时长56.38万小时，占广播广告节目时长的39.31%；播出电视公益广告时长108.08万小时，占电视广告节目时长的47.82%。据测算，2021年中国全年广播电视媒体投入的公益广告资源超过600亿元。

举个例子，豆子已经坚持了一年的一个行动——每个月通过某基金会向山区儿童捐款，这就是一种公益行为，尽管你每个月都要"节衣缩食"才能从零花钱中节省出数额不大的捐款，但是全家人都很赞赏豆子的行为；能够向不曾谋面的陌生人释放善意，在自己力所能及的范围内帮助他人，这是一种难能可贵的高尚品德啊！

豆子，你再回忆一下，初次接触到这个公益项目的信息是在什么地方呢？相信你也想起来了，你与它结下"缘分"正是源于一则偶然看到的、公益组织制作的短视频。你一定也还记得，当你看到视频中那些与你年龄相仿的小朋友同你一样充满着对于求知的渴望，却由于贫乏的物质条件而无法获得自己想要的课外书，你的内心是多么震惊又五味杂陈。于是你央求妈妈按照视频里的捐款渠道，每个月将你的一部分零花钱捐给山区孩子们。其实，这就是一则典型的公益广告，是它激发了你的同情心，唤起了你的善意，引导着你做出有益于社会的善举。

你可能会觉得："我这么一点零花钱，算不了什么。"但是，可千万别小瞧了广告的"四通八达"！正如汇成汪洋的是涓涓细流，助燃火焰的是根根木柴，成就森林的是棵棵树木，豆子，公益广告可能并不如一些商业广告呈现的画面炫目，但即便只有短短几个画面和寥寥几句台词，它们唤起的可能也只是一个个体的微小力量，但以广告作为公益事业的载体，能够让关于道德、善意和爱的呼唤走入更多普通人的视野，真正实现积极能量的聚沙成塔。搭乘公益广告这一载体，有关社会正向价值和公益行动的信息能够更快地、更广泛地"飞入寻常百姓家"。因此，从社会价值角度来看，公益广告是必不可少的。

豆子，看到这里，你是否也产生了一丝犹豫和困惑？你是否也和姐姐一样认为广告是一个不折不扣的"矛盾体"？它往往在我们的日常生活中无孔不入，像一个"窃贼"一样在不知不觉中"偷"走我们的注意力，"支配"着我们的消费倾向和行为，令我们产生巨大的疲惫感和烦躁感。但与此同时，正因为它能够抓住我们的眼球，它对于消费者、品牌、媒体乃至整个社会都发挥着重要的作用。因此，姐姐希望能够跟你分享自己在成长过程中逐渐摸索出来的经验，暂且把它称为"我与广告的相处之道"吧！

常言道：距离产生美。同样，我们需要与广告之间保持一定的距离，这十分重要。霓虹灯箱或电子屏幕中流光溢彩的广告总是格外引人注意，酷炫的特效、可爱的动漫、花花绿绿的字体装点下的广告总是让你眼前一亮，耀眼夺目的图片、设计精巧的情节、朗朗上口的广告语总是调动着你的感官……但，一定不要陷入广告制造的视听"陷阱"。尤其是面对商业广告时，我们可以远观，也可以欣赏，但是不能全盘接受和相信。

消费心理

在姐姐小时候，广告商还不像现在这样"狡猾"，然而随着他们使用的广告宣传技巧越来越纷繁复杂，广告仅以自己本来的面目出现，还可能"改头换面"，悄然植入电视情节，隐匿于我们日常接触到的大量信息，似乎与普通的信息内容别无二致，不仅不容易引发我们的逆反，还会让我们在不知不觉中受到影响。

例如，在一部电视剧中，某个零食品牌频繁地出现在画面上，并且相关角色常常表现出这个零食似乎很美味的样子，让你也禁不住美食的诱惑，想买同款来尝尝，这时候就需要提高警惕了，这极有可能是植入电视剧的广告。面对如此"狡猾"的广告，学会辨识它们有难度，但也是一种乐趣！所以，豆子，从今天起，当我们接触纷繁复杂的信息内容时，还要进行一场"猫捉老鼠"的游戏，要学会辨别哪些是常规的信息内容，而哪些是隐藏了商业倾向的广告信息。

除了形式的隐蔽性，包括宣传语和图片在内的广告内容也常常是诱导我们进行冲动消费行为的关键因素之一。在之前的淘宝天猫"双十一"购物狂欢节，姐姐就被许多店铺的"秒杀""1折"等宣传语所打动，并下单了大量并非必须购买的商品。上次的炸鸡广告风靡时，图片中的炸鸡看起来金黄酥脆，然而你所买到的实物却与此大相径庭，而仔细回头看看广告，才发现图片下面写着一行小字："图片仅供参考。"

商家在投放广告时，在广告内容和呈现形式上追求精美，使其具有更大的吸引力，这是无可厚非的。揭开商业广告的神秘面纱，广告中呈现出的商品形象往往是最新鲜美好的信息，决定了我们对商品第一印象。换个角度来看，如果我们将广告比作商品的一份"自我介绍"，那么就更容易理解其中的奥秘了。

试想，当我们向第一次见面的人进行自我介绍时，是不是也倾向于将自己的优点尽数展露出来，而非介绍自身所存在的一些缺点和问题呢？这就是所谓的"藏拙"，这是人性所驱使的。广告也是如此，宣传商品正面的形象，更容易提高消费者的购买欲望，提升品牌印象，最终达到商家获取经济利益的最终目的。

因此，当我们接触到广告时，不妨抑制一下心中滋生的"好想买！""看起来好棒！"的想法以及由此产生的消费冲动，而是首先设置对于广告的心理缓冲。在接收广告信息传递的商品正面信息时，也不断提示自己，世界上并不存在十全十美的商品，只是它们的缺点在广告中被隐去了。与此同时，在我们因看广告而滋生购买商品欲望时，还可以向身边的人寻求来自第三方的建议，比如爸妈和姐姐，在购买经验上都比豆子要丰富一些，并且对你也比较了解，因此我们的建议可以作为参考。除此之外，还可以寻找一些已经购买过该商品的人，比如同班同学，他们的反馈往往是正面和负面皆有的，我们可以根据他们的评价形成更理性的判断。

豆子，你是否有这样的体会，我们在决定是否要购买一个商品时，除了商品的功能和质量，还有一些别的因素在影响着我们。有时候，我们可能因为广告告诉我们某个品牌是"著名的"或者"能够彰显某种个人形象的"，或者只是因为觉得广告代表了某种新鲜的、潮流的趋势，自己不购买似乎就是"跟不上节奏"，而创造并不是自己真正需要的大量消费需求，这其中夹杂着许多非理性的成分，具有"消费主义"的倾向。

此前，美国研究人员进行了一次实验。实验过程中，研究人员给每个孩子两份食物，包括汉堡、鸡块、薯条、饮料和胡萝卜，这两份食物唯一不同之处在于，其中一份采用麦当劳带"M"标志的包装，另一份采用普通包装。结果显示，孩子们认为有麦当劳包装的食物比普通食物更好吃。而这与麦当劳广告的存在感以及这一品牌本身的知名度有关。

因此，从现在开始，或许我们可以有意识地对这种观念进行扭转。"著名的"就一定等同于它是"质量好的""适合我们的""我们需要的"吗？或许并不见得。而所谓"流行"，更像是一阵阵大风，或许这个月某部动漫正流行，与它有关的文具、食物和饮品等受到同学们的竞相追逐，而到了下个月，新的流行动漫播出后，上个月流行的就会成为过时的。

最后，姐姐想告诉豆子：是的，我们生活在被各种各样的媒介包围的世界，这就决定了我们无法避免广告对我们围绕。但与其被动地等待广告对我们的注意力"出击"，不如化被动为主动，毕竟广告归根结底也是一种信息，我们可以发现其中除商品信息以外对我们有价值的部分，把它视作一种工具。其实豆子在不知不觉中已经进行了许多这一类的实践：通过放学回家路上的广告大屏，你认识了许多汉字，并且通过每天放学的反复观看，能够记得更加牢固；你觉得广告中的钢琴曲特别好听，特地让妈妈帮你找了曲谱，于是，你又自学了一首新的曲子。通过广告，我们也收获了很多意外的惊喜呀！

豆子，姐姐也必须承认，广告是烦人而又狡猾的。但经过今天的介绍，你是否发现，真正了解广告之后，其实它也有可爱的一面？与其对它避之不及，不如多多探索自己与广告的相处之道吧！

爱你的姐姐
2022 年 11 月

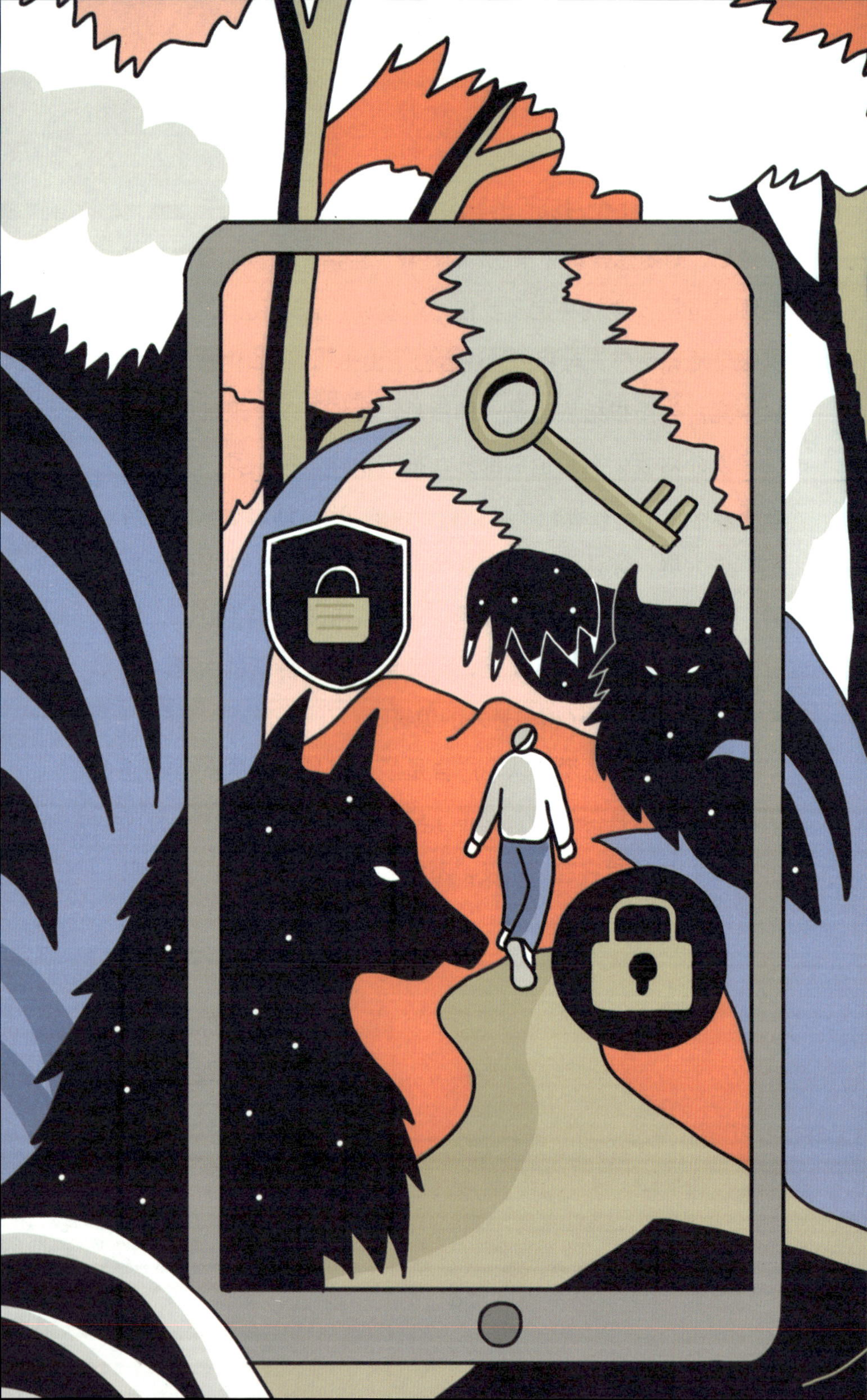

第七封信

网络是一个安全的地方吗？

在这封信中，你将会接触到以下新闻传播学名词：

> 匿名性　信息安全　信息泄露
> 网络购物　虚拟社交　互联网协议

父母常常会叮嘱我们："不要轻易相信陌生人。"在现实生活中，这条原则可以有效保护我们的人身安全；在网络世界中，你可以接触到成千上万的"陌生人"，我们能相信他们吗？

亲爱的豆子：

前不久，妈妈和你一起看了有关大自然的纪录片，其中最吸引你的就是"森林篇"，森林的变幻莫测总带给我们神秘之感。密密麻麻的树木，树叶缓缓随风而动，这一切从表面上看是如此静谧，但在森林里，可能有各种各样的野兽出没，丛生的荆棘阻挡着我们的去路，湍急的流水永不停息。

尽管我们都未曾涉足过真正的森林，但我们所接触的互联网世界又何尝不是一片丛林呢？当我们在网络中生存时，通过文字、图片、视频等不同类型、内容丰富的信息，我们得以徜徉在这片丛林中，观赏到更多未曾见过的、更广阔世界的绝佳风景。

但与此同时，当我们置身其中，不断深入网络这一片丛林内部，就会发现其中还有许多阳光难以照射到的暗处，也会发现平静之下也有许多意想不到的荆棘野草和"意外来客"。豆子，我们在网络世界中的成长历程，正如同在丛林中的探险之旅，总是暗含着旋涡与危险，潜藏着黑暗的角落，我们切不可掉以轻心。

匿名性

网络为我们展开了一个别有洞天的虚拟世界，在这里，我们可以进行学习、购物、社交等各种行为，可以获取各种新鲜内容以最大限度地满足我们的好奇心，获得类似甚至超过现实生活的极佳体验，在过去接触网络的亲身体验中，相信你已经体验到了网络世界的奇妙。

但当我们畅游其中时，更应时刻谨记：充斥着匿名行为的网络并不是一个安全的地方，潜在的安全问题可能存在于我们习以为常的网络使用行为之中。妈妈今天就给你介绍一下，提前为豆子打好避开网络安全风险的"预防针"！

妈妈要给你接种的"第一针"，就是网络社交安全风险"预防针"。

在最初关于互联网的想象中，有学者做了一个生动形象的比喻，他将连通全世界的互联网比作"地球村"。豆子在假期也去过一些村庄，你认为在村子里，邻里之间的距离更近了，人们之间的交流更加亲切便利了。

而互联网就像是虚拟世界里面的又一个大型村落，它能够将来自天南海北、五湖四海的全球网民汇聚其中,当身处南半球的朋友试图通过网络联系到身处北半球的我们时,虽然在地图上我们可能相距甚远,但互联网信息如同插上了翅膀一般,能够在一瞬间到达彼此。我们只要拥有了自己的社交账号,就能够非常便利地在网络中找到与自己志同道合、兴趣相投的朋友,也就是我们常常所说的"网友"。

然而,这些看似与我们"投缘"的网友真的全都可信吗?你是否还记得妈妈曾给你讲过的小红帽的故事。人见人爱的小红帽居住在森林里,她有着一颗善良的心,并不知道森林中的大灰狼是坏家伙,大灰狼也在初见小红帽时表现得热情友好,于是小红帽毫无防备给它指了外婆家的路。

结果大灰狼趁着外婆没有戒备心的时候潜入了她的家里,不仅把外婆吞进了肚子,还戴着外婆的帽子,穿上外婆的衣服,躺在外婆的床上,将自己假装成外婆的模样,也害了小红帽。幸而最后有机智的猎人搭救,才让小红帽和外婆逃过一劫。

这个故事告诉我们,有时候我们所看到的、所感知到的可能只是事情的假象,凶猛的、狠毒的狼可以伪装成老实规矩、礼貌温顺的样子,但它们的卑劣企图是不会更改的,它们的本来模样迟早都会败露的。

而我们在网络上进行聊天、分享乃至交友等社交行为,面临的情境实际上与小红帽有着相似之处。我们怀着一颗充满好奇的心，期待能够在网络上遇到投契的朋友。他们出没在网络丛林之中，有时候，我们可能会相遇在书籍、影视或明星的交流群中，有时候，我们还可能通过在某个感兴趣话题下的评论互动而熟络起来，还有时候，我们可能通过一些偶然的巧合而相互认识。

我们一定要清楚地认识到，网络社交具有极大局限性，每个人都可以自如地在网络中"切换"自己的性别、年龄和兴趣爱好，因此我们难以真正辨别网络连接的另一端是什么样的人，也难以知晓他们是怀揣着怎样的企图和目的进行网络社交行为。

信息安全

妈妈要给你接种的"第二针"，是信息安全风险"预防针"。

我们常常惊叹于如汪洋一般的网络信息，它们包罗万象，每当我们的鼠标在电脑上点击一次，或者我们的手在屏幕上触碰一次，都可能通过互联网连接到能够给予我们十足新鲜感的信息内容，网络似乎已经成为我们通向瑰丽多彩世界的重要桥梁。

然而，我们更需要明白的是，我们每一次与互联网信息的交互，就像打开了一扇充满未知的大门，我们总是一开始对其抱有乐观的幻想，但结果不一定能如愿。这就像前段时间你曾经接触到的玩偶盲盒一样，开启之后，可能是"惊喜"，也可能是"惊吓"。因此，在网络世界中来回穿梭的我们更要警惕各种各样信息中可能存在的隐形陷阱，尤其是个人信息的泄露。

随着互联网技术的不断发展，个人信息泄露防不胜防。有时候，由于一些不够谨慎的小操作，我们的个人信息可能在不知不觉中就会被"偷"走。当我们为了正常使用各种电脑或手机软件的功能而同意了其列出的各种协议条款时，我们实际上就如同在安徒生创作的童话故事《皇帝的新装》里描绘的一样：以为穿上了各种"衣服"，但实际上形同虚设。在网络世界中，我们可以通过设定昵称或头像等方式，换上属于自己的"新装"，自认为在网络上的各个平台中只是一个虚拟的存在，但实际上逃不过平台长期以来对我们个人身份、浏览内容、发言记录和地理位置等隐私数据的追踪和搜集，我们的一举一动都逃不过平台的"法眼"。

豆子，你可能感觉平台信息泄露离我们很遥远，但实际上这种情况可能出现在我们日常使用的任何一个互联网平台，包括社交、出行、购物等。妈妈找到了一些令人触目惊心的数字：2017年3月，公安部破获一起特大窃取贩卖公民个人信息案，其主要犯罪嫌疑人是大型网络购物平台的内部员工，他盗取个人信息50亿条，通过各种方式在网络黑市贩卖；2021年6月17日，一份刑事判决书显示某网络购物平台近12亿条用户数据遭泄露，犯罪分子非法获利34万元；2021年7月4日，国家网信办发布通报称，某出行平台存在严重违法违规收集使用个人信息问题……这些案例都发生在我们非常熟悉的网络平台上，不禁让人不寒而栗。

互联网上的信息尽管丰富，但它们并不总是权威的、正规的。我们在互联网上拥有了非常大的自由表达空间，每个人不仅可以在网络上自由地发表自己的言论，还可以建立属于自己的网页或者自媒体账户。因此，网络上还存在着许多不明来路的网站，它们不似我们常常看到的新华网、人民网等新闻网站是由权威官方的机构创办，而是一些不正规的机构或者个人用来窃取我们个人信息的。有一个非常形象的说法将这些欺骗用户的虚假网站称为"钓鱼网站"，其中，诱饵就是这些与真实网站看起来极为相似的网页。除此之外，"钓鱼邮件"也与之类似，它们往往发送自陌生的邮箱账号，用很吸引眼球的标题包装起来，我们一旦打开，就有可能上当受骗。

这些网站或邮件的用语往往非常吸引人，例如"恭喜你，中奖啦！请填写信息领取奖品""想了解详细信息吗？填写电话号码，会有专人联系你"。这些能够刺激情感的语言，一步步诱导着浏览这些网页或邮件的用户填写自己的个人信息。此时，如果我们乖乖地将自己的信息一五一十地"交代"出来，"钓鱼"行为的幕后团伙就会窃喜："大鱼上钩啦！"当他们顺利获取了我们的个人信息之后，各种诈骗、推销和骚扰行为也往往会随之而来，让我们防不胜防。

现在，随着网络支付的普及，个人的网络支付账户和银行卡账号、密码等财产信息也成为网络个人信息泄露的重灾区。说到这里，其实跟妈妈想要给你接种的"第三针"——"财产安全针"有关。

妈妈首先跟你分享自己的一次个人信息泄露经历。去年，妈妈为了给家里添置新沙发，通过搜索引擎搜索品牌网页。按照我们的经验，往往会理所当然地认为列在搜索结果第一位的就是此品牌的官方网站，于是妈妈没有多加思索就点击进去，又参与了首页中所谓的"抽奖"活动。

结果，妈妈当然"中奖"啦，并且在喜悦之中填写了自己的手机号码。后来，果然有所谓的"工作人员"联系我，并告知需要妈妈给指定的账户汇入几百元"定金"，等妈妈收到奖品之后，对方会将钱原路返回。

幸好妈妈留了个心眼！此时，我已经感觉到事情有点蹊跷，于是又查询了品牌的官方客服电话，接线员表示自己对这一抽奖活动并不知情。我再回过头去仔细一看，发现当初点击的并非品牌官网，真正有"官方"标识的网站竟然排在"钓鱼"网站后面，这似乎和我们的惯性思维有些不一致！但事实就是如此。这提醒我们需要擦亮自己的双眼，否则一不留心就会掉入圈套之中。

豆子，虽然目前你还没有自己的独立财产账户，但是网络支付对于你来说并不陌生。当你在购物网站上看到一本心仪的书，只需要妈妈输入自己的支付密码，这本书就属于你了；当我们在超市购物时，也不再需要准备现金，展示一下付款二维码或刷一下我们的面部信息就能轻松搞定。

正因这些操作如此便利，所以可能威胁到我们财产安全的手段层出不穷，只要获取了一个密码、一个二维码、一个指纹或者一个面部信息，就有可能让我们的财产在不知不觉中不翼而飞。

而在网络上，诱导我们消费的情况也越来越多，在网络游戏中，只有充值才能够充分使用游戏的各种场景和功能，部分具有不良倾向的网络直播也鼓吹对主播进行"打赏"。但问题在于，大部分青少年儿童并未形成成熟健全的消费观念，也未对这些虚拟交易形成正确的认知，一旦未受约束，滑向巨额消费的深渊，就可能造成大量财产损失。

虚拟社交

妈妈给你打的最后一针"预防针"，是"网络暴力"预防针。

网络暴力是暴力的一种，是指借助互联网这一载体，对受害者进行谩骂、抨击、侮辱、诽谤等，并对当事人的隐私权、人身安全权及其正常生活造成威胁产生某种不良影响的行为。

我们在网络上虽然能够与形形色色的人进行交流，但彼此之间往往都蒙着一层神秘的"面纱"，这也是网络暴力滋生的最大动因之一——网络的匿名性。

豆子，细心的你有没有发现，网络世界并不能完全替代现实世界，那么，它们之间存在着哪些差异呢？其中，最突出的一点便是网络的匿名性。在现实生活中，我们的性别、模样和名字等是他人认识我们的最直接途径，这些在现实生活中对于证明我们自己的身份而言至关重要，但是在网络上并非如此，我们可以任意"切换"账户的性别，将自己的真实长相隐匿在自己精心挑选的网络头像之后，网名成为我们在网络世界中行走的"身份凭证"。

在网络这个规则较为松散的地方，我们在发言或行动时顾虑更少，更容易产生非理性的网络暴力行为。当我们在现实世界中生存时，我们往往会受到来自各个方面的压力，这些压力或多或少地让我们会对自己的行为进行约束，使得它们符合一定的规则，例如，当豆子在家中时，你往往会按照和妈妈之前"约法三章"的时间表规划自己的一天，而不是随心所欲；当豆子身处于学校和班级的环境氛围中，周围都是熟悉的老师和同学，你也会不自觉地考虑自己的行为会在他们脑海中留下什么样的印象，并自觉按照学校和班级的规定行动。

尽管豆子目前还没有那么频繁地接触网络世界，但是妈妈作为一个常年和网络打交道的人，有一些真切的体会：当我们在不同的网络平台之间自由切换时，当我们在浩瀚无尽的网络信息中不断穿梭时，我们仿佛能够自由挑选自己想成为的角色，戴着自己所心仪的面具生活，身处没有那么多条条框框的相对自由宽松的环境，与我交往的许多人是陌生的，这也让我在进行发言等行为的时候能更加跟随自己的心意，顾虑的外界因素更少,对自己发言的后果也没有进行充分考虑。

尽管如此,我们也不要因此对网络产生畏惧和逃避心理,不妨将自己想象成在网络丛林里向前行走的小小探险家。豆子,在小小探险家起航之前,妈妈也把自己准备的锦囊妙计传授给你,希望你能带着细心、戒心和耐心,踏上这段奇妙的旅程!

我们应该始终细心,保持自己的选择能力。要知道,在我们探险的路上,可能会遇到许许多多让我们增长知识、开阔眼界的内容,但其中也不乏别有用心的"坏人"。因此,细心是我们跟各种各样的网站、信息或网友接触时的第一准则,在仔细甄别清楚它们的真伪、好坏的基础上,我们才能暂时松一口气。

具体来说,为了不成为网络诈骗团伙诱饵上的"大鱼",当我们在搜索引擎中进行检索时应细心辨别,拒绝被惯性思维引导。比如,不能不假思索地根据搜索结果先后顺序判断其是否"官方",而是仔细查看网站旁是否有"官方"的标识,或者可以邀请我们一起帮你核对网站的地址是否准确。

同时,面对检索到的信息内容,我们也不能"照单全收",而是需要首先进行细心甄别,包括:它们的来源是否来自权威的政府机关或新闻机构?它们的性质是新闻、广告,还是其他类型?豆子此前已经了解,非权威信息来源所传播的信息存在风险,而广告信息则存在鼓动我们消费的可能。在辨别清楚的基础上，我们才能确定自己后续应当采用何种策略应对这些信息，才能够选择性地接触质量相对较高的内容。

我们还应加强戒心，增强自己的警觉能力。俗话说："防人之心不可无。"更何况，我们所身处的虚拟世界是来自各个地方的陌生人所织就的网络，我们自己可能是对所有陌生人都心怀善意的"小红帽"，但我们却并不能保证所遇到的网友、所接触到的信息不是经过光鲜包装的"大灰狼"。因此，当我们行走在网络之中时，不妨多一些心眼，加强戒备心，留心网络使用行为的尺度界限。

妈妈当然非常能够理解，当"网络一线牵"为我们带来"虚拟朋友"时，当我们能够就同一个话题进行深入交谈、尽情分享彼此的兴趣爱好时，这种"千古知音最难觅"的欣喜是弥足珍贵的。

但是，在我们的判断能力还不足以让我们筛选出真正友好善良的网友时，需要尽最大可能在网络互动中保持警惕，在心中对互动行为设定好明晰的边界。

同时，我们还应该在自己心里划定一个"雷区"，保证自己网络和现实生活的相对独立。"雷区"指的是一些我们需要特别警惕的、危险系数较高的要求或行为。这些危险行为包括很多种，从要求层面上来看，有的"网友"或网站会索要我们的个人真实信息，例如本人和家人的姓名、住址、学校、工作单位、身份证号以及照片等；从行为上来看，有的网页会弹出不良信息或广告，还会要求我们点击或下载不明内容的奇怪文件，甚至要求我们输入支付密码。除此之外，我们自己主动在社交媒体上展现自己的个人信息或生活，也属于触碰"雷区"的情况。

在这里，妈妈还要特别叮嘱你，在网络上进行友善的分享和交流行为本无可厚非，但一定要在言语和行为上把握好尺度，不要在分享中透露涉及自己现实生活的真实信息，在一些争议性话题中多保持理性的观察而非进行冲动性的发言，在具备保护个人隐私信息意识的同时，一定要认识到我们同样不能去扒取或传播他人的个人信息，更不能对别人使用侮辱性言语，这在一定程度上可以避免我们被卷入网络暴力的旋涡中。

我们也要多一些耐心，培养自己的辨别能力。当我们安装各种各样的软件或者手机应用时，都需要和平台之间达成类似"用户协议"一类的东西，有时候，在我们的使用过程中也会弹出平台获取我们授权的弹窗。只要我们点击"我同意""我已知晓"等按钮，就代表我们同意平台对于我们的通讯录、个人信息、地理位置等隐私信息进行搜集。

因此，我们不能图省事省力就"一键同意"平台的协议内容，而是应该多一些耐心，争取达成与它们之间的双向了解。

目前这个阶段，这些内容对于你来说还比较晦涩难懂，不过没关系，我们可以把每一次对平台协议的钻研看成是一种积累、一次学习，而妈妈非常愿意在这个过程中扮演你的"同学"角色，也会常常跟你分享自己的学习心得。

同时，我们也需要培养自己的辨别能力，对于一些过度搜集隐私的平台或行为，我们要坚决地说"不"，以免纵容这些行为。一些平台表明需要搜集我们的个人身份信息、财产信息、通讯录信息等，却并没有交代清楚这些信息的用处；于另一些平台，即便我们不同意它们搜集的某些信息，也并不影响平台使用体验，我们就可以果断地拒绝，例如，影视平台的正常使用并不需要通讯录和地理位置等信息。

总之，当我们涉足网络这片神秘而又颇具吸引力的丛林时，就注定也要迎来各种危险，开启一场全新的探险，正如我们的成长本身就是一场磨砺我们的冒险一样。

爱你的妈妈

2022 年 11 月

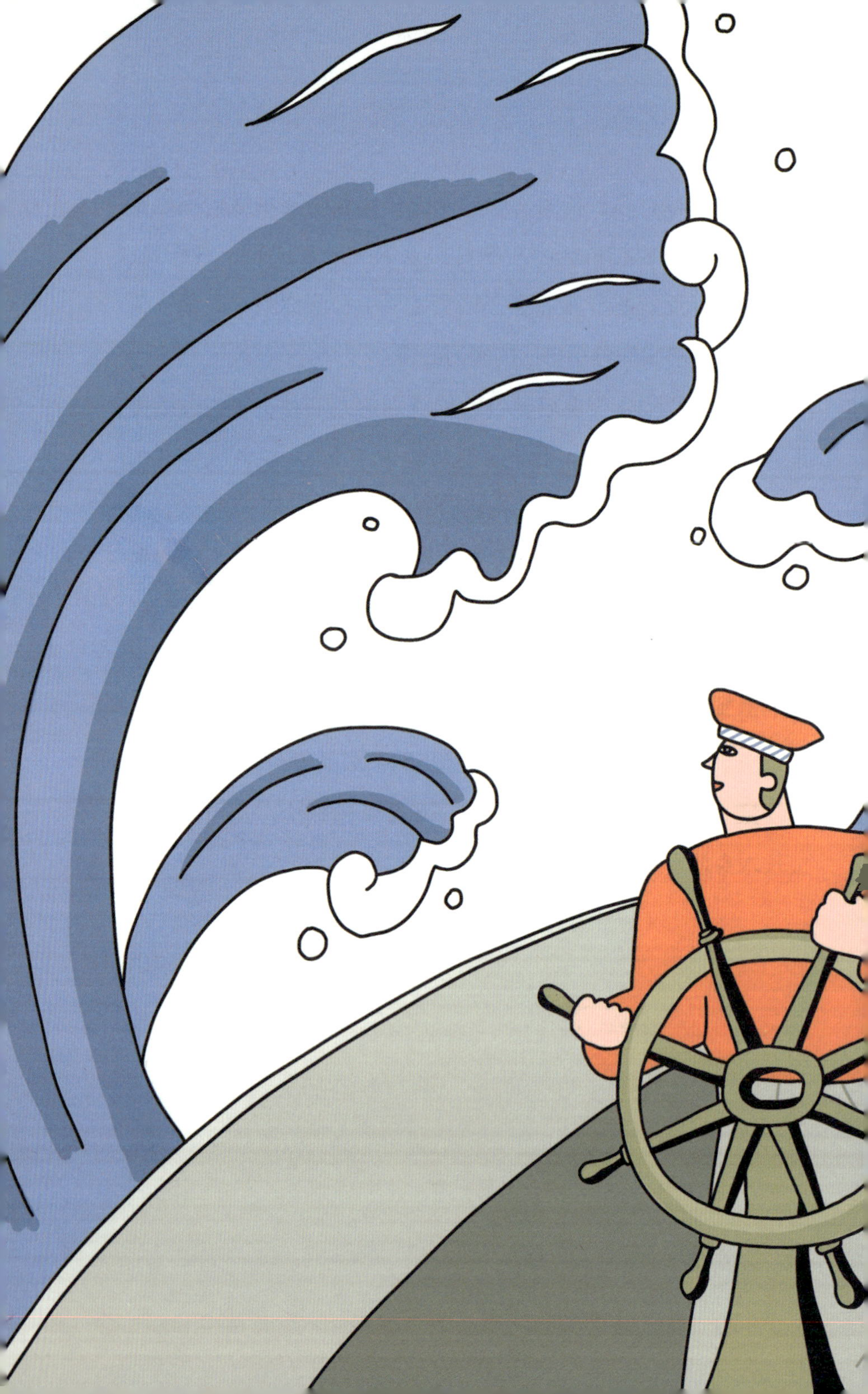

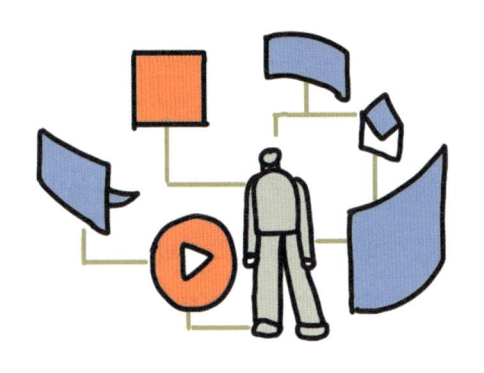

第八封信

获取信息的更好方式

在这封信中,你将会接触到以下新闻传播学名词:

<u>纸质媒介</u> <u>新媒体</u> <u>信息依赖</u>
<u>碎片化</u> <u>网络文化</u> <u>意义消解</u>

在你身边,看书的人多还是看短视频的人多?这个问题的答案毫无悬念。为什么短视频几乎能让所有人都"上瘾"?我们会掉入新媒体的"魔爪"吗?

亲爱的豆子：

你还记得我们前不久看的纪录片《大海追鱼》吗？船只航行在大海上，在掌舵手面前，海面上不断翻涌掀起海浪，他们必须眼观六路、耳听八方，才能在风浪之中扬起风帆，顺利到达彼岸。

正如在海浪中选择适配的航行路线是掌舵手的使命，我们又何尝不是自己人生的掌舵手呢？大到人生每个岔路口的直行或转弯，小到日常生活中的每个选择、每次行动，都是对我们掌舵能力的试炼，在相应的时候做出最适当的选择，尤为重要。

而身处当下的信息时代，我们可以清晰地感知到，信息正从四面八方纷至沓来，如海水一般汹涌，占据了人们的视野。因此，我们成为每日"航行"在信息海洋中的掌舵手，只有充分了解应该从什么渠道获取信息、获取什么样的信息以及如何取舍信息，才能使我们在信息海洋中保持相对平衡的姿态，建立相对明晰的航行目标。

豆子，你出生、成长于数字时代，对从书籍、电视、互联网等获取取之不尽、用之不竭的信息来源或许早已习以为常。但在姐姐小时候，数字技术对我们日常生活方方面面的改变还不似今天这样彻底，我们这一代人经历了信息获取方式从单一到多样、从现实到虚拟的巨大变迁，当下摆放在我们面前的是如同"满汉全席"一般的信息盛宴——它们来源各异、内容丰富、形式多样，令人眼花缭乱。那么，就像我们往往会仔细品味宴席上的每道菜式并给出点评，先让姐姐也带着你一起品鉴一下我们生活中存在的各式各样的信息获取方式吧！

纸质媒介

谈及我们日常获取信息的渠道，纸质媒介发挥着举足轻重的作用。其中，书籍是我们日常生活中最常打交道的"老朋友"。高尔基曾经说过："书籍是人类进步的阶梯。"

豆子在你还处于牙牙学语的人生阶段，一本本色彩斑斓、生动形象的绘本帮助我们推开了认识世界的大门，在尚未认识多少汉字的阶段，那些栩栩如生的图画就为我们讲述着关于动物、植物、天文、地理等领域的故事。

随着年岁渐长，我们会步入一个又一个代表着不同人生阶段的校园，从幼儿园、小学、中学乃至大学，每学期开学的时候，最具有仪式感的事情一定是小心翼翼地将崭新的、散发着油墨香气的教材放入书包中。各种门类的教材满足了我们对于知识的渴求：打开语文课本，我们尽情遨游在几千年来脍炙人口的诗文佳作中，触摸着经久不衰的文字中所蕴藏的时代脉搏；打开数学课本，我们通过"+""-""×""÷"这些极简的符号，得以洞察无穷无尽、纷繁复杂的数字世界的奥秘；打开外语课本，我们学着从容地利用语言这一工具，通晓全球化时代的各种讯息，丰富对大千世界的各种见闻。除此之外，待到豆子年龄再大一些，还能在课本中的中外历史时间轴中"仰以察古、俯以观今"，学习到斗转星移的地理变迁、自然界的食物链构成以及对声光电等常见物理现象背后的解释。

还有一种值得强调的书籍种类——工具书，它们是帮助我们克服学习中所遇困难的好搭档。当我们遇到不认识的生僻汉字时，当我们碰到素未谋面的英语单词时，当我们听到一知半解的成语时，那些沉甸甸的"大部头"就有用武之地了！这些新鲜的字词就像海边的小贝壳一样，我们在查阅工具书的过程中可以不断把它们收集进"知识背篓"中，逐渐感受到知识在我们人生中占据的重要分量。

当然，报纸杂志作为纸质媒介的一种，也逐渐成为我们日常生活中最常见的东西。置身于世界之中，我们不仅要明白自己身上所肩负的"风声雨声读书声，声声入耳"的学生本职，更要做到"家事国事天下事，事事关心"。而日日发行、常常更新的报纸就为我们架起了一座连接个人与世界的信息桥梁，堆叠的报纸页面上，密密麻麻的文字让我们获知国内外要闻、社会新闻以及文娱体育等诸多方面的信息，世间万象得以呈现在每个人眼前。

通过前面对"纸质媒介"这一信息获取渠道的"品鉴"，我们不难发现其在生活中的出现频率之高，对我们的影响之大。其实，常常被视为只有娱乐消遣之用的电视也是我们生活中非常重要的信息来源。

电视上每日播报的新闻资讯是家庭成员获取信息的主要方式之一。电视以更为生动鲜活的画面和声音，带我们"重返"新闻发生的现场，还原相关场景，倾听新闻当事人的心声。

我们每日等候的动画片不仅带来了欢声笑语，其中同样也包含大量的知识性内容。姐姐现在依旧还记得小时候看过的一部动漫，名叫《蓝猫淘气三千问》，它以轻松幽默的方式向当时的小朋友们科普了许多关于生态、地理和历史等方面的知识。而豆子特别喜欢的动画片《小猪佩奇》，也不仅仅呈现了佩奇一家人融洽相处的状态，我们还能从佩奇身上学到待人友善、富有爱心以及善于思考等优秀品质。

电视剧也是如此，一部好的影视作品，往往不仅仅讲述故事，而且折射社会现实状况，蕴含着人生哲理，这些都属于信息范畴。

新媒体

根据中国互联网络信息中心（CNNIC）发布的第50次《中国互联网络发展状况统计报告》，截至2022年6月，我国网民规模为10.51亿，互联网普及率达74.4%。随着互联网全方位地渗透并改变我们的生活，互联网上不断涌现的信息塑造了以往前所未有的景观。为了与报纸、广播、电视等传统媒体进行区分，新闻传播学中将依托于互联网信息技术发展而产生的信息传播平台称为"新媒体"。

可以说，互联网和新媒体的出现在一定程度上改变了人们获取信息的习惯和偏好。具体而言，互联网在信息获取方面为我们提供了哪些便利呢？

在互联网上，搜索引擎代替了传统的书籍、电视以及人与人之间口耳相传等获取信息的方式，转而成为我们获取信息的主要入口。"搜索引擎"这个词听起来非常专业，豆子可以简单地将它理解为"更好地辅助我们在互联网中搜索信息的检索技术"。其中，比如"百度"就是我国网民最常用的搜索引擎之一。

如果说，互联网就像是一个没有边际的巨大容器，来自各个领域、各个方面的信息都汇聚集纳在其中，仿佛是一本虚拟的"大百科全书"，那么，要在这么多内容中找到自己所需要的、所关注的信息，仅仅凭借我们自己的筛选能力，那岂不就像大海捞针一样困难？这时候，搜索引擎就是帮助我们在其中精准捕获目标的"追踪仪"，只要在检索栏中输入恰当的关键词或问题，我们想获知的一切信息就能够在短短数秒内映入眼帘，效率极高，并且检索结果的相关性也较强。更令人惊喜的是，在互联网上检索出来的信息往往囊括不同的信息来源，多元化的信息形式，比书籍、报纸上的信息更为丰富。

在互联网时代，各行各业都在加快"数字化迁移"步伐，出版和媒体行业也不例外。越来越多的出版社开始开发数字化图书业务，阅读不再需要手捧成册的纸张，而是在任何一个电子屏幕上都可以进行，这有利于克服纸质图书不易携带的缺陷。

而媒体追赶数字化浪潮的工作也开展得如火如荼，网站、客户端以及社交平台等渠道都是它们进行新闻发布、现场直播以及互动活动等新媒体业务的重要阵地，随着平板电脑和智能手机等便携终端的普及,越来越多的用户也偏向于选择这些更为便利的方式。根据中国互联网络信息中心(CNNIC)发布的第50次《中国互联网络发展状况统计报告》,截至2022年6月,我国网络新闻用户规模达7.88亿。咱们家就有一个典型的例子——一向酷爱在早餐时间看报的爷爷,最近也开始摸索着在手机上阅读新闻了。

豆子,正是由于这些纷繁复杂的多样化信息获取渠道发挥了作用,才有了我们当下所置身的信息海洋。正如没有一道菜式能够满足每个人的口味偏好,不同的信息获取方式也各自存在其优势和缺点。因此,姐姐有了这些年遨游在信息海洋之中的经历,想和你分享一些作为"过来人"的亲身体验,让豆子能够在诸多选择项中找到适合自己的信息获取方式,并通过对各种方式的组合与取舍找到获取信息的最佳方法,成为一个在信息海洋中游刃有余的"数字原住民"。

在我们选择自己获取信息的方式之前,需要铭记一个整体原则:信息获取"宜渠道组合,忌信息依赖"。让我们回到前面"满汉全席"的比方,尽管餐桌上有豆子平时特别爱吃的一道菜——炒虾仁,我们在饭桌上也不会仅仅"缠着"这一道菜去品尝,因为不论从口味还是从营养组成来说,这样都太单调啦!

当我们获取信息时，面临的也是相似的情境：每个人对渠道的偏好可能存在差别，有的人喜欢沉浸在纸质书籍里专注地阅读，也有人喜欢在互联网信息中快节奏地"冲浪"，但不能将这种偏好转变为对某一渠道的极度依赖，而是要学会对各种渠道进行组合搭配，对它们的优缺点了然于心，让它们在我们获取信息的过程中相得益彰。

不论信息获取的方式发生何种变迁，书籍始终占据着最重要、最特殊的位置，它是我们获取优质信息的重要渠道。书籍承载的知识内容是相对权威和专业的，书籍的魅力不因时间流转而褪色，书籍中所隐藏的通往世界的窗口始终向每一个读者敞开。

豆子，可别小瞧了书架上一本本装订成册的书，它们或轻薄、或厚重，但它们在来到我们手上之前，已经经历了一次奇妙的"旅程"！图书的问世需要经历一道道严格的、专业的生产工序，其中包含选题策划、样稿编写、样稿审核、全稿编写、专家审稿、全稿三审、装帧设计、排版、三校及修改、对红及修改、三级签字、批量印制等十几项具体工作[1]，才能最终走向公

---

1 牟丽. 实施项目进度管理优化图书编辑出版生产流程[J]. 中国编辑, 2011, (02): 25—28.

众的视野，在图书市场上流通。姐姐提及的这些名词可能对于现在的豆子而言，有些生僻、艰涩，但只要我们知道，正是图书编辑通过这些看似繁复的环节对内容进行把关，去芜存菁才使得书籍能够在内容质量上有所保障，并化身为"严谨"的代名词。

而反观互联网上鱼龙混杂的信息内容，它们的选题、制作和发布等环节往往更为简陋，一台电脑或一部智能手机就足以让任何一位网民所创作的内容汇入互联网的信息流，而其中的关键问题是：简化之后的信息发布流程缺乏对信息的真实性、专业性和权威性的把关，因此，网络信息的质量难以"打包票"。

说到这里，姐姐想考你一个小问题：当你遇到不认识的字或词，你第一时间的反应是通过什么方式去查阅它们呢？这个问题其实没有标准答案，但相信不论是老师，还是妈妈和姐姐，都始终强烈建议你使用厚厚的字典或词典作为参考，而非为了方便省事就轻易信任互联网搜索引擎中检索出来的"百科词条"。

或许豆子看到这里也会心生疑惑：字典和词典等工具书不仅不便于携带，查阅的步骤也相对烦琐，但在网络上检索就方便多了，只需要敲敲键盘、点击鼠标，结果就能自动浮现在我们眼前，那为什么我们还要舍近求远地选择工具书呢？这是因为工具书的内容往往经过了更为规范的修订流程，我们能够从其中查阅到最为权威和准确的内容。

我们耳熟能详的《新华字典》是中国最有影响力的字典，从1950年启动编写和出版工作，已历经70余年，前后修订了12个版本。每一个版本内容的增删修改背后，都有一个专家团队精益求精，为每个读音、每个字词的解释更精准而做出巨大努力。

搜索引擎呈现的百科词条是面向所有网民开放的，每个人都能成为编辑者。因此，当并不深耕在某个领域的普通网民成为词条的编辑者时，他们可能并不能及时跟上权威资料更新的脚步，参考的资料也不够专业，导致我们在网页上搜索到的内容存在"误导"风险。

当然，正如前面姐姐提到的"忌信息依赖"，书籍的确很重要，但这并不意味着它是我们唯一的信息获取方式。我们所面对的是一个新事物、新现象层出不穷的世界，书籍更新迭代的速度很难真正适应当前信息不断涌现的现实状况背景，而互联网的特性则能够弥补书籍在这方面存在的天然短板。在许多生活场景中，我们还应学会合理组合搭配书籍和互联网渠道，处理好二者间的关系，才能真正理解所处的信息环境，合理利用当下丰富的信息资源。

互联网可以在更短的时间内更好地满足我们的信息获取需求。互联网在内容传播的时效、更新的速度上具备天然的优势，发布后即刻就能够通过网页、客户端或社交平台等渠道传达到目标读者面前，这些特点是书籍所不可比拟的。

豆子，在之前的信件里，姐姐给你介绍过了许多有关"信息"和"传播"的小知识，这里需要你开动脑筋，回忆一下哪种类型的信息也是对时效性的要求极高，并且能反映事情的最新变动的呢？没错，就是新闻！因此，互联网渠道与新闻发布可谓一对"黄金搭档"。

当我们迫切地想了解某一新闻事件的来龙去脉、最新进展和其他人对此的评论时，以"天"为单位出版的报纸显然在时效性上难以满足我们的需要，这时候就轮到新媒体"闪亮登场"——在新媒体上，我们不用再受报刊发行周期和报纸版面印刷的限制，信息的接收转变为以"分秒"为单位。同时，不同媒体、不同体裁的报道应有尽有，自然，由此所获取的信息也更为全面、立体。另外，媒体往往还会适应新媒体特性，使用长图、视频以及动画等清晰明了的形式"装扮"相对枯燥乏味的纯文字内容，使其更具可读性。

碎片化

除此之外，互联网信息也具有短小精悍的突出特点，许多学者将之形象地概括为"碎片化"：信息内容由系统、连贯的一本本书籍，转变为新媒体上海量存在的微型的、分散的局部片段；往日沉浸在书桌前整块的、沉浸式的信息接收时间越发稀有，取而代之的是更多"见缝插针"式的、相对短促的阅读时间，正如一块块零散、微小的碎片一样。

因此，"碎片化"使我们能够最大限度地开发时间的"潜力"：信息接收不再只是局限于书房、书桌等相对固定场所中的、需要留出整块时间进行的行为，利用好新媒体渠道，我们可以在早上赶往学校的路途中抽空听听新闻资讯，可以在"网上冲浪"的闲暇片刻搜索兼具教育性和娱乐性的知识类动画或纪录片，还可以在睡前看看小故事，如此，每分每秒时间的价值都能够很好地被"榨取"出来。

另外，互联网上蓬勃兴起的各种网络文化我们也有必要了解。如今，各种类型的文化正与互联网碰撞出全新的火花，网络流行语、二次元文化、网络游戏等新潮的文化内容为我们的日常表达和交往带来有别于以往的新特点。

尺有所短，寸有所长。书籍、电视、互联网等信息获取渠道看似让人眼花缭乱，但就像姐姐在前文中所介绍的，每种渠道都具有自己独一无二的特质，有着各自适配的场景。因此，切记要做好各种方式的搭配，使得各个渠道能够扬长避短。

我们常常会为互联网信息的便利性而惊叹：只要通过一块小小的屏幕、一个简短的网页链接或者一个小小的阅读器，我们就能轻松地阅读不同类型的电子版书籍，了解到自己所想要搜寻的新闻资讯。但这绝不意味着互联网可以完全取代纸质书籍。

正是由于互联网中信息如此丰富，它们之间的连接是如此密切，我们有时也会产生一些不太舒适的信息获取体验：各种弹窗、推荐栏信息分散着我们的阅读注意力，"专注"成为一大难题；泛滥的短文章、短视频等碎片化的内容不利于了解信息的完整脉络；网络流行语等文化现象缺乏真正有深度的内核，甚至可能消解我们对于语言规范性的认识……

因此，即使是在数字时代，纸质书籍仍然具有自身的巨大力量，具有存在的必要性，它能带给人们更沉浸、更专注的阅读感受，它的设计、排版和装帧所蕴含的巧思能给读者更舒适的视觉体验，更关键的是，它的内容质量是网络信息难以超越的。

许多人批判互联网信息的碎片化特征，认为它不利于我们系统地、整体地摄取知识，会使得人们思考问题的方式也随之变得碎片化。但不妨换个角度辩证思考，难道"碎片化"真的只能是我们唯恐避之不及的洪水猛兽吗？

其实不然，就像我们在吃正餐之前，往往还会有一些分量不那么重的餐前开胃小菜一样，新媒体上的碎片化内容就如同我们在获取信息时的"小菜"，它可能打开我们求知的"胃口"，引发我们对于某一个话题、领域乃至学科的兴趣，使得我们主动积极地推开探索新知识的大门，并利用书籍等渠道去获得更为系统、完整的信息内容。最终，二者能够在信息获取中各司其职。

总之，尽管获取信息看似越发简单便捷了，但其中隐藏的学问却一点不比以往少，我们的每个选择、每次取舍都关乎信息获取的效率和质量。终其一生，我们都将航行在信息海洋之中，唯有在不同情境中选择获取信息的恰当方式，才能成为一名合格的掌舵手，才能真正寻找到信息获取命题的最优解！

爱你的姐姐
2023 年 1 月

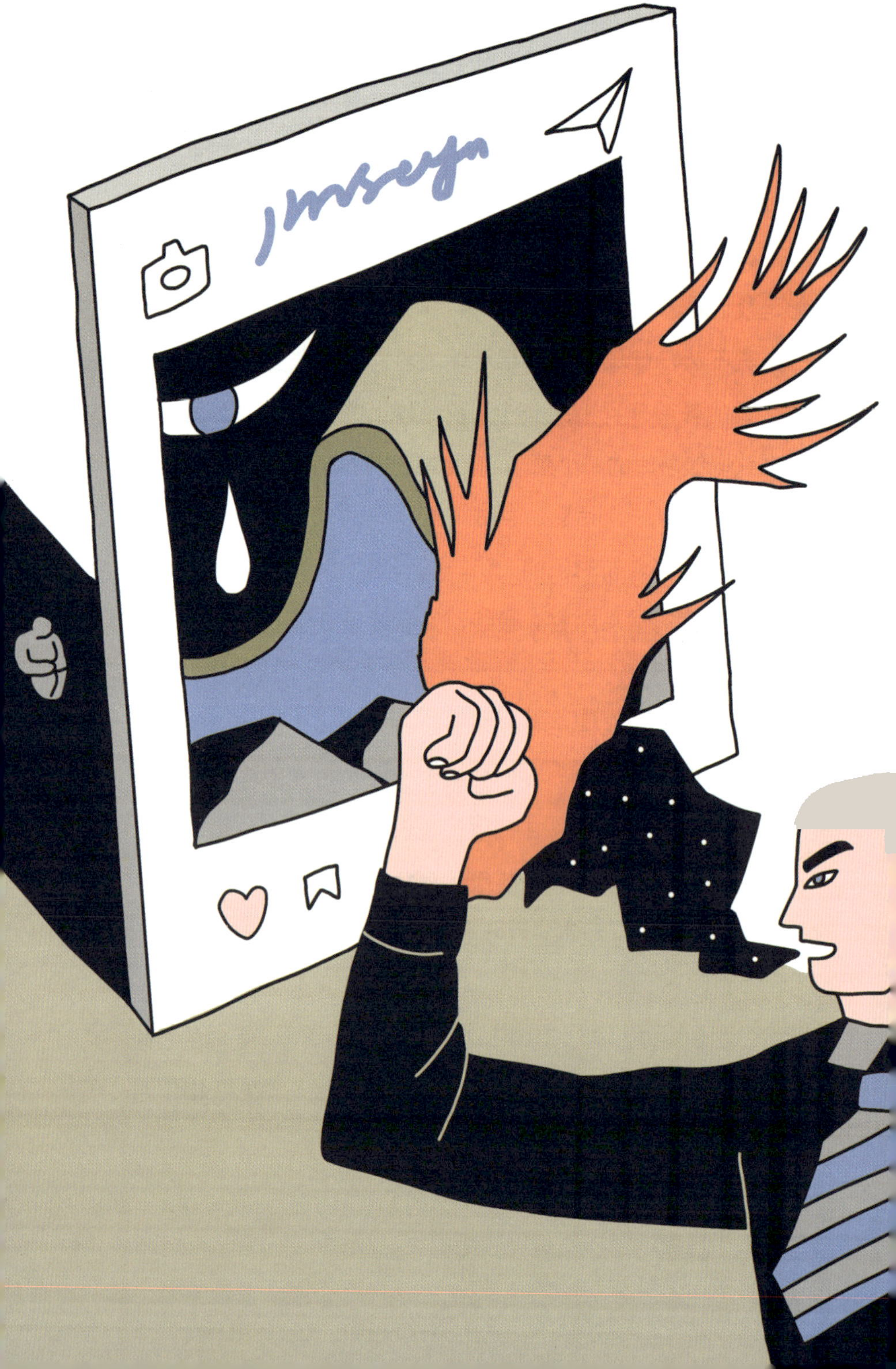

第九封信

发布信息之前，应该好好想想

在这封信中，你将会接触到以下新闻传播学名词：

> 舆论 网络暴力 舆论审判
> 群体情绪 谣言 传播法治

在网络社会中，我们几乎可以对每个信息发表评论。有时候你可能会在"评论区"看到一些不太好的字眼，面对这些消极、愤怒甚至低俗的话语，我们应该怎么做？

亲爱的豆子：

在这封信的开始，妈妈先给你讲一个真实的故事。

有一个男孩，他在幼时就经历了旁人眼里最为悲惨和不幸的遭遇：出生时便被亲生父母遗弃，四岁时养父母又双亡，"漂泊"在一个个亲戚家借住的他免不了被同龄孩子欺负……尽管生而艰难，但他在学校获得的一张张奖状、一个个荣誉见证着他并不愿意向不公平命运妥协的决心。

15岁那年，他决定通过网络等途径寻亲，很快，发达的网络真的帮助他找到了自己的亲生父母。但命运的走向却始终让人捉摸不定，认亲成功的他并未获得温暖亲情的滋养，反而被亲生父母避之不及，他这才了解到当年被遗弃的真相以及父母已经离异的事实，于是做出另外一个决定——起诉亲生父母。

很快，舆论的浪潮不再如男孩寻亲过程中表现得那样温和，而是全方位地"汹涌拍打"着他，其中不乏恶语结成的"沙砾"，时时刺痛着男孩的身心。雪上加霜的是，他的亲生父母又通过媒体采访与他对峙，很快将其推上了舆论的风口浪尖，他的社交媒体评论区每日人头攒动，网友们发布着一条条质疑的、辱骂的、评判的留言，他的寻亲动机，他的长相，他的衣着打扮随时都可能成为网友攻击的靶子。最终，在网友的口诛笔伐下，他的生活再也回不到正常状态了。

不难发现，网络暴力在这起事件中起到了推波助澜的作用，每个参与网络暴力的都是"刽子手"。由此，网络暴力这一失当的信息发布行为，也再一次受到大范围的关注。

网络暴力

在探讨网络暴力等不当信息发布行为之前，我们先来了解网络信息发布行为产生的背景。

随着互联网的高速发展，信息发布不再是某些媒体或组织的特权，技术赋予每个普通公民信息发布的权力。由于互联网传播的低门槛性和连通特性，网民可以随时随地接入虚拟的网络空间，他们尽情地分享着个人生活中的酸甜苦辣，更新着发生在自己身边的新闻动向，评价着出现在公共视野中的大小事件，结交着兴趣相投的网友们。可以说，虽然我们每个人之于网络就像是沧海一粟，但毫无疑问拥有信息发布的极大自由度。

然而，由于网络的开放性，任何一个人所发布的信息都可能"站"在聚光灯下，被众多人所关注和评价，因此导致了越来越多不可预知的后果。网络暴力就是其中一种。

在这封信的开头，妈妈已经给你介绍了"网络暴力"这一概念，相信你也能够在故事中真切地感受到，无所顾忌的网络发言可能带来对他人生存状态的危害。具体而言，不当的信息发布可能会造成哪些不良后果呢？

首先，在互联网交际中，我们最亲近和熟悉的，便是和我们一样活跃在网络空间中的"互联网邻居"。因此，若是我们采取了不当的信息发布行为，最先受到负面影响的，便是一个个活生生的个体。

豆子，你可能会问：为什么我们在现实生活中交往的人，大多数都会给人留下彬彬有礼的印象，而在互联网上，却有那么多人出言不逊、无所顾忌呢？

我认为，我们之所以在现实生活中更为谨言慎行，主要是因为在现实世界的交往情境中，我们往往都会处于各种各样的社会角色和社会期待中，我们会按照自己所处位置和身份的特点，来约束自己的发言和行为，这是一道无形的"底线"。例如，在"家庭"这一交往情境与要求中，我们自然而然地就处于"孩子"这个角色，那么便会理所当然地表现得乖一些，充分表现出对其他家庭成员的尊重。

在学校里，我们交往的对象往往是同一个班级的老师和同学，这时候，我们的身份便是学生，会自觉地按照老师的叮嘱、学校的规定行事，谦让、友好、礼貌等言行规范，是自入学第一天起学校就希望每个学生铭记于心的。

而在网络上，这种社会角色的束缚就大大减弱了。我们在网络上关注、评论和交往的对象，通常是并不存在现实交集的陌生人，每个人都隐藏在一个虚拟的昵称之后，并不存在任何类似于亲子、师生、同学、同事的现实生活关系，也没有家规、班规等力量的约束。

这时，我们在发言时所需要考虑的因素便减少了，也很少担心言论会对我们的现实生活及人际关系造成什么影响，甚至会感到一种不必瞻前顾后的"轻松感"。因此，许多未经大脑思考的发言也就这样诞生了，而言论其实是一把无形的利刃，在我们自己都没有完全认识到问题的产生时，其露出的锋芒可能已经对他人造成难以挽回的伤害。

就网络暴力来说，许多人对其后果不以为然：不就是在网络上发表几句"轻飘飘"的言论，会造成什么严重后果呢？过往血淋淋的网络暴力案例告诉我们，对他人居高临下的评判、辱骂乃至诽谤，其实和肢体暴力别无二致，它们都会对被施暴者造成严重伤害，区别仅仅在于，网络暴力更多是施加在精神层面，其带来的伤害看似是无形的，但可能给被施暴者造成一生的心理阴影，摧毁他们的人格，让他们产生自我否定情绪，甚至心理崩溃。

其次，不恰当的信息发布行为所影响的，不仅局限于个体层面，当网民在信息发布上存在的问题成为一种普遍的网络症候，我们赖以生存的整体网络环境就会恶化。

近年来，互联网上充斥着大量网民以"正义"之名，进行谩骂、攻击、挖掘隐私等行为的网络暴力现象，这些行为造成了整体网络环境越来越偏激。有研究表明，愤怒是在网络中传播速度最快的情绪之一。

情绪的发酵使得"你方唱罢我登场"的网络缠斗屡见不鲜，导致网络环境弥漫着乌烟瘴气：许多网民越来越没有耐心去读完一篇文章，乃至一整段完整的文字，他们化身为"火药桶"，一看到与其意见不相符的声音，便毫不犹豫地向对方"开火"。人们热衷于发泄自己的情绪，而完全罔顾公共讨论的初衷——通过理性讨论使问题得以解决。

盲目跟风也成为网络环境的典型特征之一。妈妈常常有这样的感觉：在许多关注度较高的公共舆论事件中，新闻发布和更新的及时性越来越强了，网民参与相关信息发布行为的热情和主动性也越发高涨，但谣言的扩散似乎也更容易了，许多虚假新闻也甚嚣尘上。在网络时代，真相越发成为雾里看花的"稀罕物"。

而追寻恶劣信息环境的源头，我们会发现，不论是发布新闻的媒体，还是二次扩散信息的普通网民，都习惯于在舆论事件中被信息牵着鼻子走。他们追求信息更新的频率，希望走在更新最新事件动态的前沿，陷入了"别的媒体都发布了，我也不能落后""别人转发，那我也要转发"的怪圈。

毕竟，在互联网上，跟风总是容易的，复制转发一下别人发布的信息，就能轻轻松松地实现扩散的目的；而核查自己所追逐信息的真实性，需要耗费大量精力和资源，鲜少有人愿意自我付出。

因此，网民信息发布的情绪化和盲目化，使得网络环境充满着戾气，信息质量整体趋于低下。而生存在境况并不算好的网络环境之中的网民，又在循环往复中，加剧了自己的情绪化和盲目化。

另外，网络世界与现实世界之间存在着差异，这是每个人的共识。但有时，网络信息发布行为的影响也会绵延至现实，造成强烈的社会影响。

互联网上存在的"人人都有麦克风"盛况，让舆论场中的各种声音快速汇聚，产生指数级的倍增声量。这本是一件好事，因为我们可以通过网络信息发布的便捷渠道，更有效地表明观点立场、监督事件进展，为营造风清气正的社会环境贡献微薄力量。但网络舆论又往往是众声喧哗的，这就如同同学们你一言、我一语，很快就会让教室变得十分嘈杂，破坏正常教学秩序。网民在网络上对于公共事件的信息发布也是如此，其中交织夹杂着诸多情绪化言论，使得舆论走向存在巨大的不可控性。

豆子，我们不妨回想一下，当性质恶劣的食品安全、醉驾、斗殴等引起巨大社会反响的新闻出现时，网民舆论呈现出怎样的态势呢？其中，肯定有许多专业人士从法律等角度进行分析评论，但也不乏普通网民的情绪化发言。对于有损公共利益，触及社会道德底线的事件，愤怒、失望、沮丧等负面情绪的积聚是正常的，通过在网络上发表评论、交流感想等方式纾解情绪也有一定积极意义。

舆论审判

然而，如若由个人的情感表达转变为集体的情绪宣泄，便可能使舆论滑向另一个极端，最终受到影响的是整体社会秩序，其中，以"舆论审判"最为典型。在许多涉及公共利益的新闻事件中，部分网民尽管对专业的法律知识并不熟稔，但在群情激愤的氛围中，迫不及待地充当"网络法官"角色，先入为主地对当事人进行审判。有时，当事人的罪责还没有完全核查厘清，司法机关也并未对事件定性，在网络上却早已经处处沸腾着与具体刑罚相关的言论。这种舆论主导的"未审先判"现象，往往被称为"舆论审判"。

当社会上出现违法犯罪行为时，对于犯罪嫌疑人的定罪量刑应该由谁来决定？我们通常都说"一槌定音"，毫无疑问，这个问题的答案便是"法律"，这本是每一个人都了解的常识。

但在当下，"舆论审判"却常常越俎代庖，不仅给司法部门施加了极大的外部压力，甚至正常司法程序也可能因舆论而受到干扰。更严重的是，当法律裁决结果与网络舆论背道而驰时，往往又导致人们的不满，长此以往，可能影响现实世界中人们对于司法机关公信力的认知。

俗话说："三思而后行。"古人的智慧告诉我们，凡事都要经过再三思考，权衡利弊后，再谨慎行动。因为权利与义务是对应的，我们拥有了自由发言的权利，但同时也担负着言论不得触及法律和道德底线的义务。要知道，"三思而后行"的道理在信息发布时同样适用。

妈妈希望你牢记信息发布"三不"原则——不被冲动劫持、不被信息蒙蔽、不被情绪裹挟。

其一，不被冲动劫持，即在发布信息前一定要再三思量，用理智的思考替代冲动莽撞的情绪。在很多情况下，尽管信息的确是经由我们自己之手而发布的，但敲击键盘和点击"发布"按钮的动作可能完全是凭着一股冲动，这个过程中，缺乏对信息及其可能带来的后果的深思熟虑。因此，发布信息前，应仔细掂量一下：这条信息的发布，是不是必要的？

其二，不被信息蒙蔽，即应化身为兢兢业业的"质量检测员"，在发布信息前，从多个维度对信息质量进行检测，确定合格以后再发布。如同妈妈在前面反复提及的，每个人都应该对自己所发布的信息负责，确保信息质量。并且，从法律的角度来看，网络并非法外之地，散布虚假消息等行为会受到法律的严惩。

如今，许多人都拥有自己的社交平台账号，并乐于在其中分享有关生活瞬间和最新见闻的原创内容，这时，就应着重关注这些方面：信息一旦发出，大致有哪些人能够看到它们？信息中有没有暴露个人隐私的情况？如果有，这些隐私信息自己是否能妥善处理？此外，越来越多的人通过社交媒体分享自己获取的、关于新闻事件最新进展的一手信息，这种情况下，应和专业媒体一样，将"真实"置于第一顺位。

更多的时候，网民频繁地进行着评论或转发等行为，以发表对于事件的观点看法，进行交流讨论，扩大自己所认同观点的传播范围。

长期接受"信息投喂"，人们可能产生惰性。此时，一定要警惕思考能力的退化，对于平台"投喂"的信息，切忌照单全收，而是先开动脑筋辨别信息的真实性，判别其是否属于虚假信息或谣言，再决定是否进一步围绕它们进行评论或转发等信息发布行为。

接着，进行评论或转发行为时，在按下"发布"键前，还应先回头看看即将发布的信息有没有瑕疵，例如是否存在舆论审判等过度情绪化的倾向、是否有跟风暴露他人个人隐私或言语不妥当等网络暴力的倾向。

其三，不被情绪"裹挟"，即在互联网空间时时翻涌的情绪化浪潮中，应学会独善其身。这里的"独善其身"并非贬义，而是希望你在群体情绪高涨的时候，还能保证信息发布的独立立场，不要陷入盲目跟风、人云亦云的陷阱。

情绪裹挟的场景在生活中并不鲜见。在节日喜庆氛围浓厚的公共广场上，我们会不自觉地跟随着涌动的人潮一起欢呼，尽管有时我们甚至都不知道其他人在庆祝什么。在第一封信中，妈妈也为你举例：由于恐慌情绪的驱使，人们来不及细想，便匆匆挤进超市，参与抢盐、抢口罩等挤兑疯抢行为。尽管事后往往证明这些行为并非必要,但在下一次情绪渲染到位时,我们又会重蹈覆辙。

网络上的信息发布行为也是如此。在许多舆论事件中,都会存在群体情绪的旋涡,我们会不由自主地陷入其中:若群体称赞,那我们也称赞;若群体批判,那我们也批判。就像在许多网络暴力的恶性事件中,一些网民甚至都还没搞清楚事件的来龙去脉,就迫不及待地跟风发布言论。但"他们都这么说,我这样说也无妨"的心态并不可取,法不责众绝不是任何人发布情绪化信息的"护身符"。

站在情绪旋涡的风口浪尖,我们如何保持定力?至关重要的是,一定要培养独立思考的能力,并将它作为一以贯之的行为准则。在面对铺天盖地的信息时,第一步不是去关注"别人怎么看这件事",而是从自己的内心溯源,首先问问"自己怎么看这件事",当我们有了坚如磐石的独立认知,即便内心的情绪再怎么来势汹汹,也很难将我们牵着鼻子走。

豆子,我相信,以往你常常会享受在互联网上所拥有的发布信息的自由,但细细读完这封信,又会感觉心里有些沉甸甸的——原来自由的背面,是与之相匹配的责任。网络并非法外之地。实名机制的落地,网络信息管理相关法律条款的完善,以及相关处罚措施的实施,也要求我们在发布信息前务必深思熟虑。

  因此，我们应珍惜信息发布的自由，同时，更应敬畏每一次信息发布的机会。当我们平衡好了信息发布权利与责任的关系，也会随之拥有更坚定的意志、更明晰的判断力和更丰沛的内心。妈妈期待着看到一个更好、更崭新的你！

爱你的妈妈
2023 年 2 月

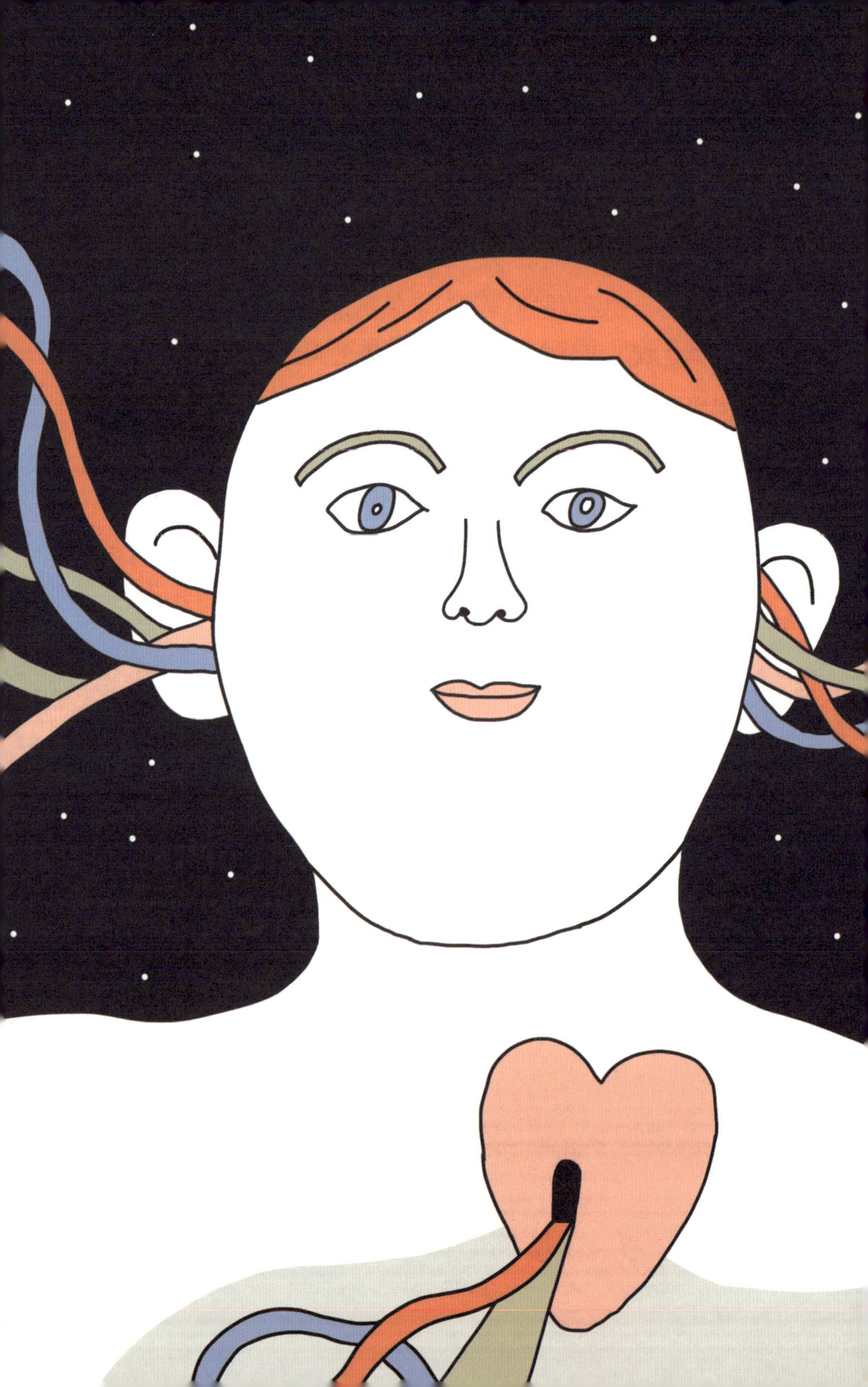

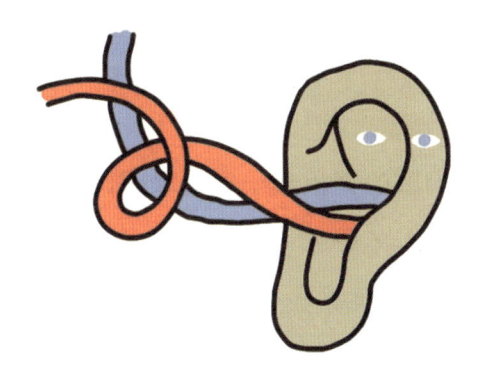

第十封信

会表达，也会倾听

在这封信中，你将会接触到以下新闻传播学名词：

自我表达 信息分享 信息加工
肖像草图 信息影响力 选择性理论

读到这里，你可能已经对身边的社会有了一个全新的认识。作为现代社会中的一个小小传播者，我们到底应该如何接收和传播信息呢？现在，选择权在你手中。

亲爱的豆子：

前几天，在我们家的例行亲子观影时间，妈妈和你一起观看一个短片，是马丁·路德·金在美国黑人长久受到种族歧视背景下进行的著名演讲——《我有一个梦想（I have a dream）》，这个演讲在当时振聋发聩，点燃了无数黑人对于种族平等的追求和向往。尽管这个演讲发表于八十多年前，但妈妈和你在今天重温时，仍深深感到它蕴含的振奋人心的力量。

自我表达

我们常常把"表达"一词挂在嘴边，它到底是指什么呢？表达，是我们将产生于内在思维活动的观点、意见或想法反映出来的重要方式。

一个勇于表达的人，往往能够在谈笑风生之间，便与他人建立融洽的关系，赢得他人的信任；一个乐于表达的人，能够以语言为桥梁，向他人清晰明白地传达自己的观点，乃至产生鼓舞人心的动员力量；一个善于表达的人，甚至可以在某些历史转折的关键点上发挥独一无二的作用。

因而，表达是我们必须掌握的一项技能。豆子，语文课上有一个你再熟悉不过的模块——口语交际。在这个模块的课程中，老师带领着全班同学进行了一个又一个妙趣横生的练习，在不同的交流情景中扮演着不同的交际角色。

你可能是外出采访的"记者"，需要事先制订与采访对象交流的采访提纲，以便成功地得到自己所需要的信息；你也可能在和同学们排练话剧的过程中小小过了把"演员"瘾，不仅需要参与讨论设置戏剧中每一幕的情节，并且还要在演绎的过程中，学会通过语言、表情或肢体动作等表达方式来塑造人物形象；你还可能是在辩论场上舌战群儒的"辩手"，在查阅整理辩题相关资料的时候，我们必须竭尽全力形成毫无破绽的表达逻辑……在进行这些训练的过程中，我们不仅收获了一次次新鲜的体验，还实现了表达能力的提高。

《礼记·中庸》中有言："凡事预则立，不预则废。"古人的智慧向我们昭示着一个长久不变的真理：做任何事情之前，都需要做充足的准备工作，缺乏把握的行为往往让我们内心忐忑，也让我们面临着把事情搞砸的更高风险。而对于表达这件"小事"而言，也是同理。在明确我们要表达的具体内容之前，需要提前为传播对象绘制"肖像草图"。

我们在各个地方旅行的时候，常常可以看到许多定制肖像的画师，当然，妈妈所说的"肖像草图"并不是说我们也需要描摹对象的面貌等生理特质，我们所要着重关注的是他们的心理特征。

可别小瞧了这个步骤，它会影响别人对我们的第一印象，还会影响到后续沟通表达的质量。这并不是妈妈小题大做"恐吓"你，诸多生活经验都在告诉我们提前了解表达对象情况的重要性。就拿日常交际表达来说，对中国人而言，每当在街上遇到相熟的亲朋好友时，往往会客气地相互寒暄，询问对方一句："您现在去哪里呀？"在我们看来，这不过是出于礼仪需要的一句习以为常的日常问候，是表达彼此间亲密关系的一种方式。但是，当同样一句话置放在国外语境中，却可能会产生相反的效果，对于外国朋友而言，这可能会被误认为是在打探隐私，进而招致对方反感，这是由国内外的文化原生差异造成的。在中文语境中，问候语往往都放在表达开端的位置，我们进行问候寒暄是为了活跃气氛，消除双方心理隔阂，起到"暖场"的作用，让后续表达能够更轻松自在地推进。但就像我在刚刚提到的，如果在问候寒暄之前没有描绘好表达对象的"肖像草图"，不了解对方的文化禁忌，结果可能适得其反。

传播技巧

有句古语说得好:"工欲善其事,必先利其器。"其中的"器",便指的是工具。而要论表达过程中的"器",非语言莫属,语言是否清晰准确、逻辑是否严密直接关乎表达的质量。

演员以"声"(声音)、"台"(台词)、"形"(形体)、"表"(表演)四项为必修课。因而,我们平时看电视剧时,评判一个演员优秀与否不仅看"演技",即他们是否能够准确地将人物形象生动塑造出来,也会着重关注他们的台词功底,倘若一位演员说台词时仿佛口中含着一颗枣似的含糊不清,观众只能连蒙带猜地将他的台词理解个大概,那即便他们的表演再活灵活现,也难以称得上是真正优秀的演员。

对于普通人而言,在语言清晰准确方面的要求虽然不会像对演员那样严苛,但毋庸置疑的是,表达清晰流畅,发音准确无误,能够让别人听清楚、听明白每个词、每句话,是完成一次成功表达的重要前提条件。

除了表达时的语音清晰,妈妈还想告诉你,任何一番精彩的表达背后必定有前后连贯的框架支撑,没有逻辑的表达就是一盘散沙。

说到这里，我们有时会陷入误区，认为一个人表达的内容越多，能够长篇大论，就说明一个人越会表达。实则不然。莎士比亚曾说过这样一句箴言："简洁的语言是智慧的灵魂，冗长的语言则是肤浅的藻饰。"有时我们仔细回想起来，会发现有的表达尽管内容多，却如乱麻，难以提炼出精髓，表达者往往"想一出，是一出"，内容逻辑混乱。这说明，并非滔滔不绝的语言就一定真正有力量，并非口若悬河的表达者就真正能够说服众人。

怎么样才能在组织科学表达的内容时更有逻辑性？简单说来，就是当我们讲故事时，事情的前因和后果都需要逐一展开，而当我们介绍某个现象的时候，可以遵循"是什么""为什么""怎么样"的基本逻辑。

另外，"智能化"在当下成为一个越来越普遍的概念，智能机器人成为生活中常见的事物。各个平台的智能语音助手随时待命，只要轻轻召唤一声，它们便会积极回应，使我们的生活更加方便。有时候，爸爸妈妈抽不出空闲时间，还可以拜托智能机器人给豆子讲每日的睡前故事呢！

但是，尽管故事的内容并没有什么差异，为什么豆子总是更喜欢爸爸妈妈来讲故事呢？这是因为，机器人的声音听上去总是有些冷冰冰的，无论多么跌宕起伏的情节，它们的语调总是那么平静如水，但爸爸妈妈给豆子讲故事时，不仅一字一句地将故事内容给你讲清楚，还会随着不同的情节调整语气和语调，或平缓，或紧急，有时还会使出浑身解数模仿故事里的小兔子、小熊等动物的声音，做出它们的标志性动作。所以，爸爸妈妈的讲述往往能够更快地将你带到故事发生的"现场"，也就更具吸引力。

其实，讲故事何尝不是一种表达形式呢？从这个例子可以看出，表达绝不仅仅是内容的"独奏"，更是表情、语气、肢体语言等的"合奏"，唯有各方面配合得宜，才能真正达到引发他人同频共振的表达效果。研究肢体语言的先锋人物阿尔伯特·麦拉宾曾发现：一条信息所产生的全部影响力中，7%来自语言文字（仅指文字），38%来自声音（其中包括语音、音调以及其他声音），剩下的55%则全部来自无声的身体语言。因此，除了注重表达逻辑的合理、语言的流畅，我们更要留心场合和情境，选择恰如其分的语气、语调和表情等，还要格外重视肢体语言。

在这封信的前半部分，妈妈一直在给豆子强调表达的重要性。既然有表达者，就必定存在着倾听者，这是一对难舍难分的角色。西方有句名言说："自然赋予人类一张嘴，两只耳朵，就是要我们多听少说。"这句话告诫我们，在表达之外，更要学会倾听。但我们不难发现，相较于我们一直在学习的表达，倾听的重要性经常被忽略。

在我国历史上，许多君王之所以能够成为精思善断、晓世通达的明君，正是因为他们纵使居庙堂之高，掌握着治理国家的大权，却并未因此唯我独尊、倨傲无礼，反而乐于倾听多方意见和规劝。唐太宗李世民在位的二十三年间成就了有名的"贞观之治"，这与其纳谏如流、广开言路的作风有直接关系。

在众多纳谏的大臣中，最著名的当数宰相魏徵，他一心忠诚为国，敢于直言，而唐太宗也认真倾听魏徵的意见，并根据他的建议选择治国方略，最终，二人真正做到了君臣合璧，以至于唐太宗在魏徵去世后曾悲痛地怀念道："以人为镜，可以明得失。"由此可见，真正的倾听，能够从他人的言语中汲取自身所缺乏的知识、经验和想法，能够以他人的谏言度量自己的行为，真正实现表达者与倾听者在思想上的交汇和贯通。

明白了倾听的重要性，但你可能还会生出疑惑：表达的确隐藏着很多"门道"，但倾听有什么好讲的呢？毕竟，它看起来是一件如此简单的事。它不似表达，需要我们提前在脑海中组织"打草稿"；它也不像写作，需要我们追求遣词造句的规范，而倾听似乎只需要我们带上一双耳朵即可，不必劳心费神。

豆子，妈妈所说的倾听，不是毫不用心的"一只耳朵进，一只耳朵出"般的倾听，不是为完成任务而草草了事的倾听，更不是毫无准备的倾听。为什么说倾听是一门艺术呢？因为，倾听不仅要达到"听见"这个基准线，更要用耳听、用脑听和用心听。要成为一名合格的倾听者，远比我们想象的更为复杂。

在扮演倾听者角色时，调动耳朵这一器官似乎是天经地义的事情，那为什么妈妈还要看似多此一举地强调"用耳听"呢？这是因为妈妈发现：有的学生在课堂上倾听老师讲课时，总免不了神游天外地开小差，而老师的授课内容自然不幸沦为他们的耳旁风；在讲座或会议上，越来越多的人以"多线任务并行处理"的名义，将别人精心准备的表达作为背景音；就连两个人面对面交谈的场合，倾听者也时不时会被"嘀嗒嘀嗒"的手机消息提示音所吸引，导致沟通效果变差。

可见，许多时候，我们虽然名义上在倾听，但实际上已经让耳朵沦为"装饰品"，真正的侧耳倾听在注意力稀缺的时代显得更为珍贵。因此，当我们决定要倾听他人的表达之前，应先扪心自问：我的耳朵是否已经做好专注于聆听的准备？我的身心是否已经调整到全神贯注的状态？

同时，在倾听的过程中，为避免让耳朵"出走"，还可以多互动，包括主动与表达者进行眼神交流和沟通，积极回答他们提出的问题等，这样做可以提高倾听的专注度。豆子，不妨从下一堂课开始，试试这个技巧：你可以在课前给自己提出类似于"这节课一定要回答一个提问"的小要求，你会发现这可能会让我们在听课过程中更为专注，更能全身心地投入课堂之中。

倾听不仅是耳朵的职责，更需要我们的大脑也主动飞速地运转起来，也就是所谓的"用脑听"。很多时候，我们在听完别人的叙述后，不过一会儿的工夫，就全然忘记了自己听见的内容，我们会戏谑地称自己患上了"健忘症"。

但这真的是因为记忆力不好吗？这是因为我们在倾听的过程中，没能真正吸收和理解这些内容，没能利用大脑对倾听到的内容进行充分加工，自然就会很快将它们抛在脑后。我们都知道，工厂里的产品要通过一道道流水线，才得以批量生产。而大脑对于信息内容的加工与此很相似：在信息摄入大脑之后，要通过相应的加工机制，才能够形成记忆。

因此，倾听其实就是信息内容摄入的重要渠道，对于所获信息，切忌囫囵吞枣般"咽下去"，这种不加咀嚼、不辨滋味的方式，难以真正触摸到信息的精华，只有将内容掰碎了，揉散了，才有可能真正理解了内容的奥义。

说到这里，豆子可能会感到疑惑：我们每天倾听的内容数不胜数，难道都需要一一送入大脑这个"信息加工厂"进行处理吗？我们的大脑会不会因忙不过来而"罢工"啊？的确如此，大脑不是机器，也需要休息。所以，当我们倾听时，不是被动地、全盘地输入，更需要主动地、有选择地接受。就像老师上课时也会为我们圈定重点内容一般，我们在倾听时，也要开动脑筋，首先筛选出重要且需要的信息，重点去理解它们。

最后，一个合格的倾听者，一定还是一个乐于尊重别人、内心怀谦卑的人，妈妈还建议你务必要做到"用心听"，这也是一种美好品德的凸显。其实尊重他人就是尊重自己，我们现在虽然站在倾听者的位置，但随着情境变换、场合更替，我们也会扮演表达者的角色。我深深地理解，每个表达者都渴望能被理解、尊重，都期盼自己精心准备的表达能够引发他人发自内心的关切，都希冀能和倾听者之间进行一场深入的交流切磋。因此，将心比心，当我们在倾听时，需尊重他人的表达的权利，展现仔细认真的倾听态度，才能在自己表达时也收获来自更多人的尊重。

同时，始终怀揣一颗探究的、好奇的心，也不失为增加倾听趣味性的一个好法子。倾听质量之所以低下，有一部分是因为我们有时会带着"个人中心主义"倾向，认为别人所表达的内容，自己早已知晓了解，也就渐渐失去了挖掘他人表达闪光点的欲望，倾听的内容在我们眼中也似乎开始变得枯燥乏味。这，是否也是一种"自大"的表现呢？毕竟，包罗万象的世界中，即使是某个领域的顶尖专家，也可能会"隔行如隔山"，更别提普通人了。

如何避免这个倾向呢？豆子，保持好奇心、不断追问很重要。我们可以从尝试观察人物入手，在倾听的同时，也打量一下他们的仪容、表情和动作等，揣摩他们的性格特点。对一个人产生兴趣后，他们表达的内容就会自然而然地吸引我们，这时，我们就要在倾听的过程中保持蓬勃的好奇心，在自己心中进行一连串的发问：他们表达的立场和逻辑是什么？他们和我的观点、看法存在哪些差异？有哪些是我需要补课的"空白地带"？我们可以向辩论赛上思维缜密、能言善辩的辩手们看齐，他们的倾听，更是抱着好奇、比较和质疑的心理去探寻对方的表达立场和逻辑漏洞。

豆子，听、说、读、写这四个方面往往并列出现，我们在学校里已经学习了太多有关读与写的技能，但有时会忽略听和说背后隐藏的学问。倾听和表达，是与生俱来的行为，是世界赋予我们的权利，更是需要我们不断进阶的终身功课。写完这封信，妈妈希望和你一起反思：真正的倾听和表达，我们做到了吗？

爱你的妈妈
2023 年 1 月

认识一下本书的作者吧：

周敏，北京师范大学新闻传播学院副院长，教授，博士生导师。1997—2007年就读于清华大学，获传播学博士学位。长期关注新媒体、媒介素养等话题，曾获得青年新媒体学术研究"启皓奖"卓越学术奖、北京师范大学第十四届"励耘"奖学金优秀青年教师奖、北京师范大学最受本科生欢迎"十佳教师"称号等。此书是她送给女儿的第一本书。

魏珏，北京师范大学新闻传播学院2021级传播学硕士研究生。主要研究方向为媒介素养、国际传播等。